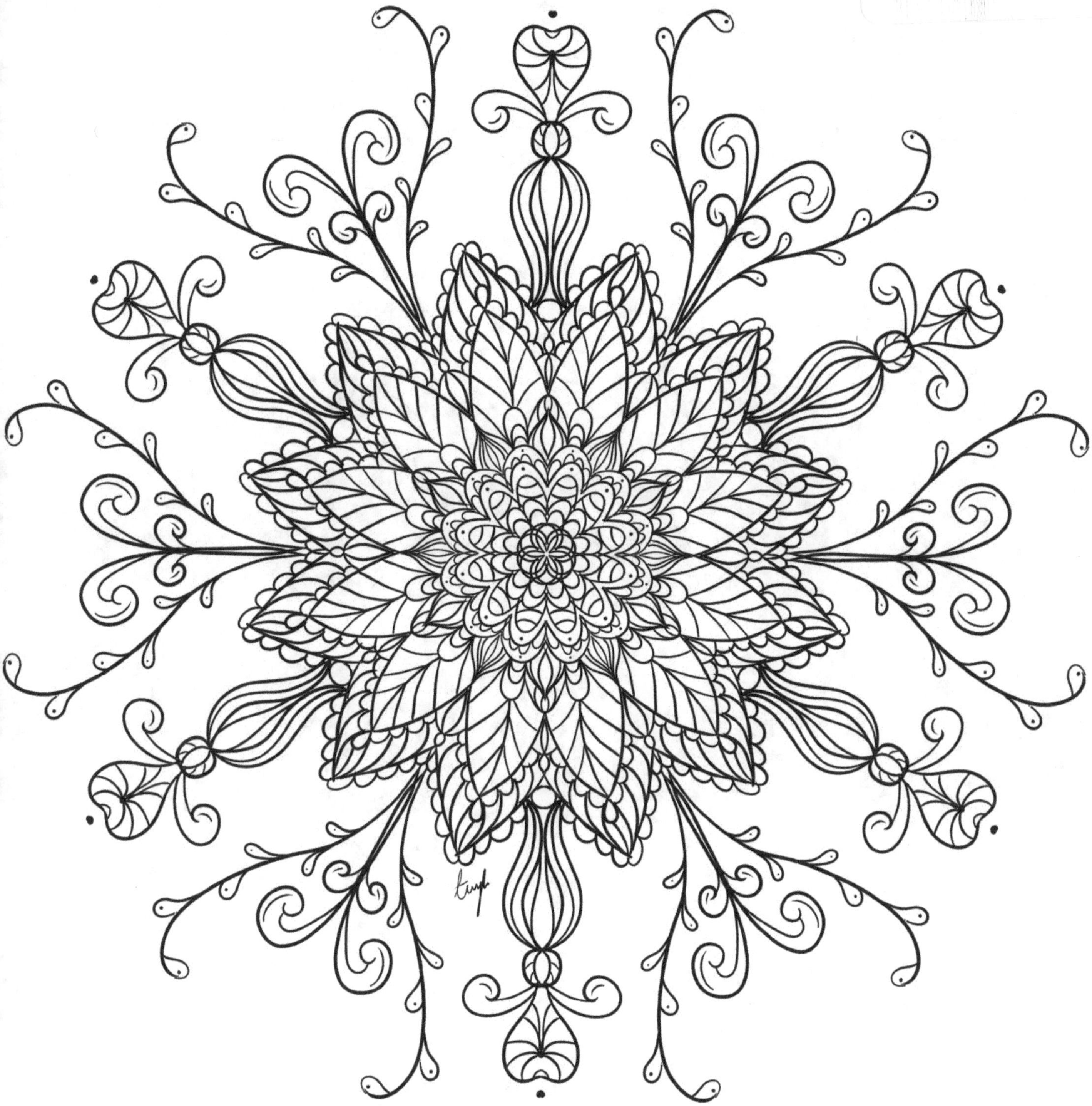

Slinky Tart
Tamara van Wijk

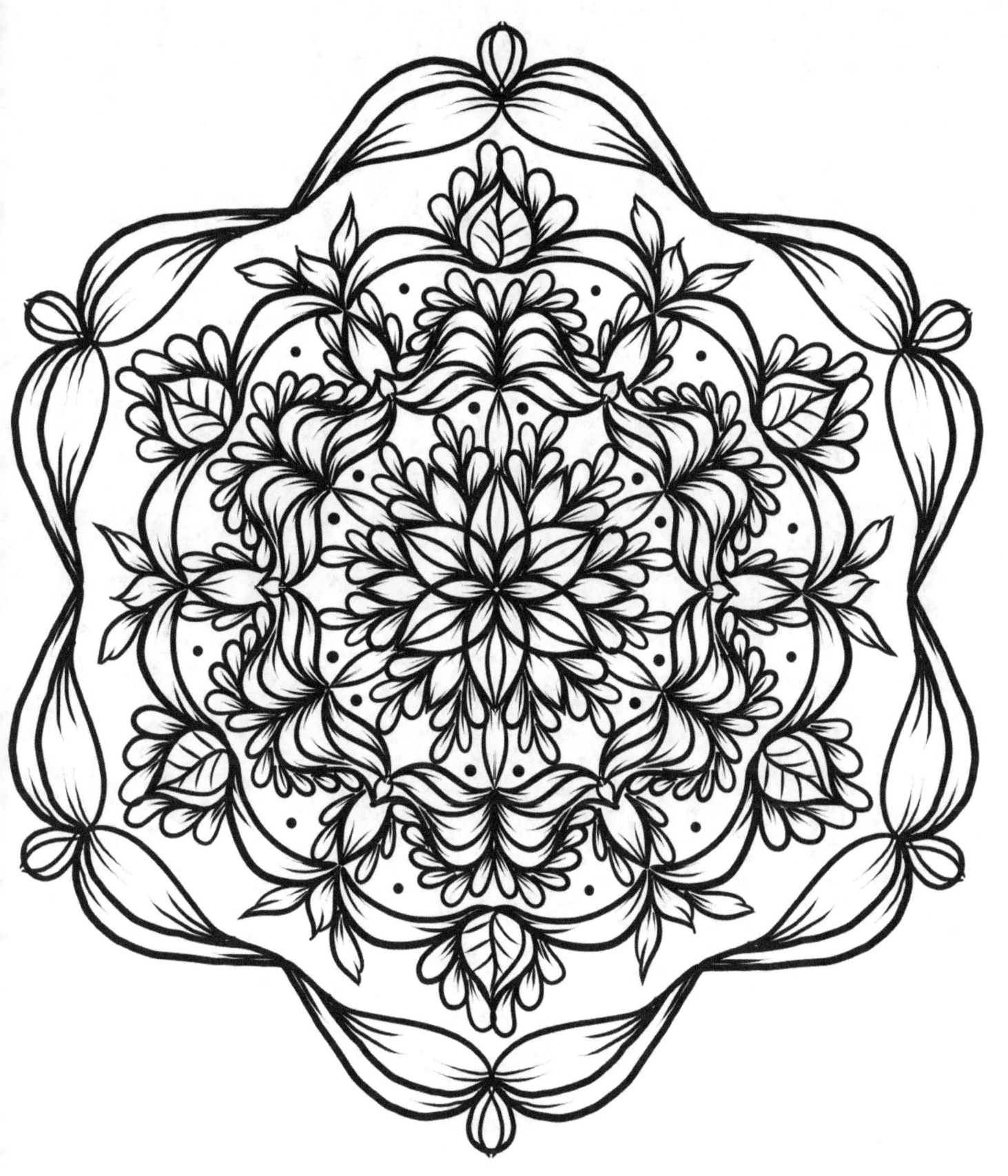

slinky tart
Tamara van Wijk

Personal use Only

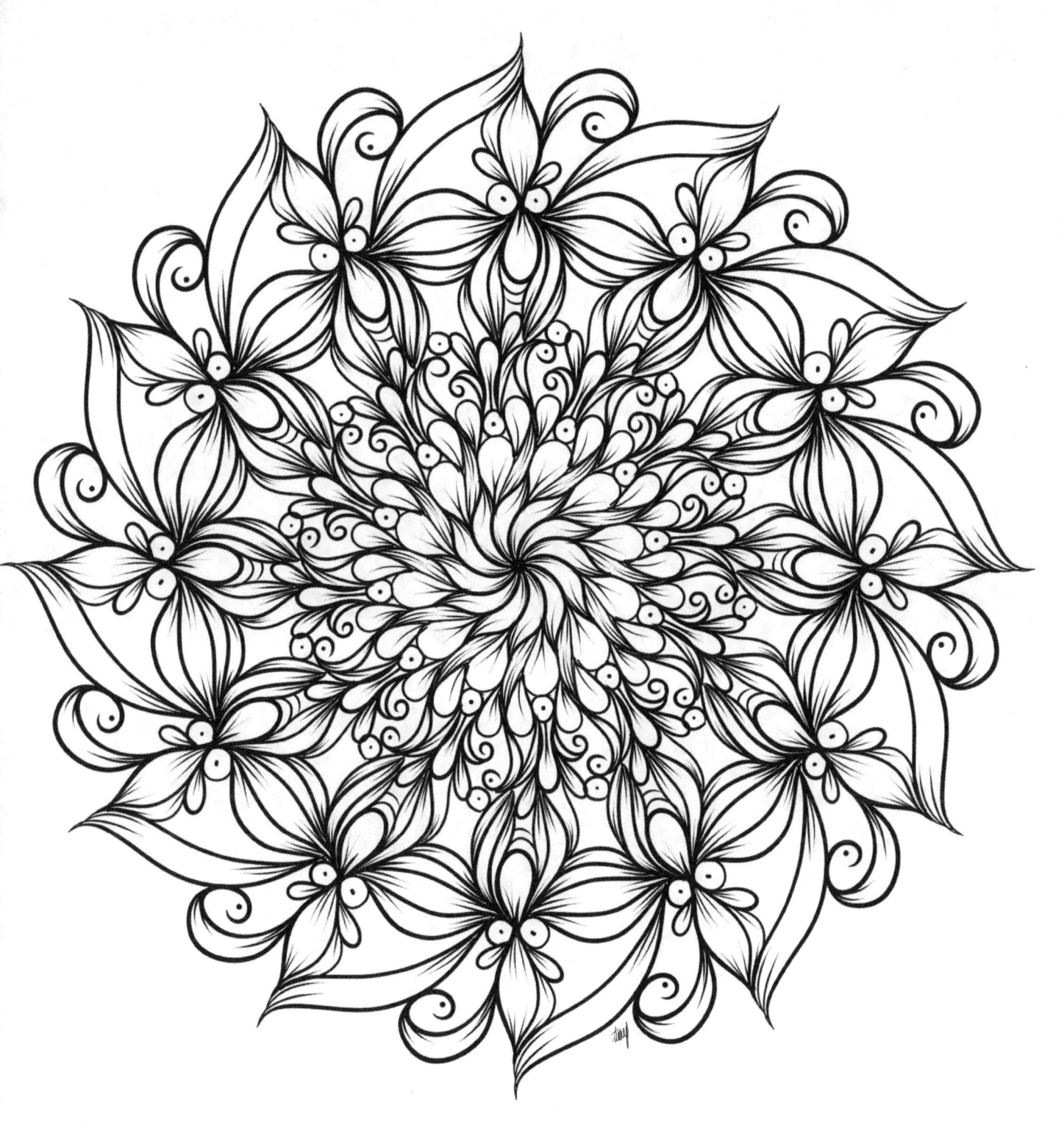

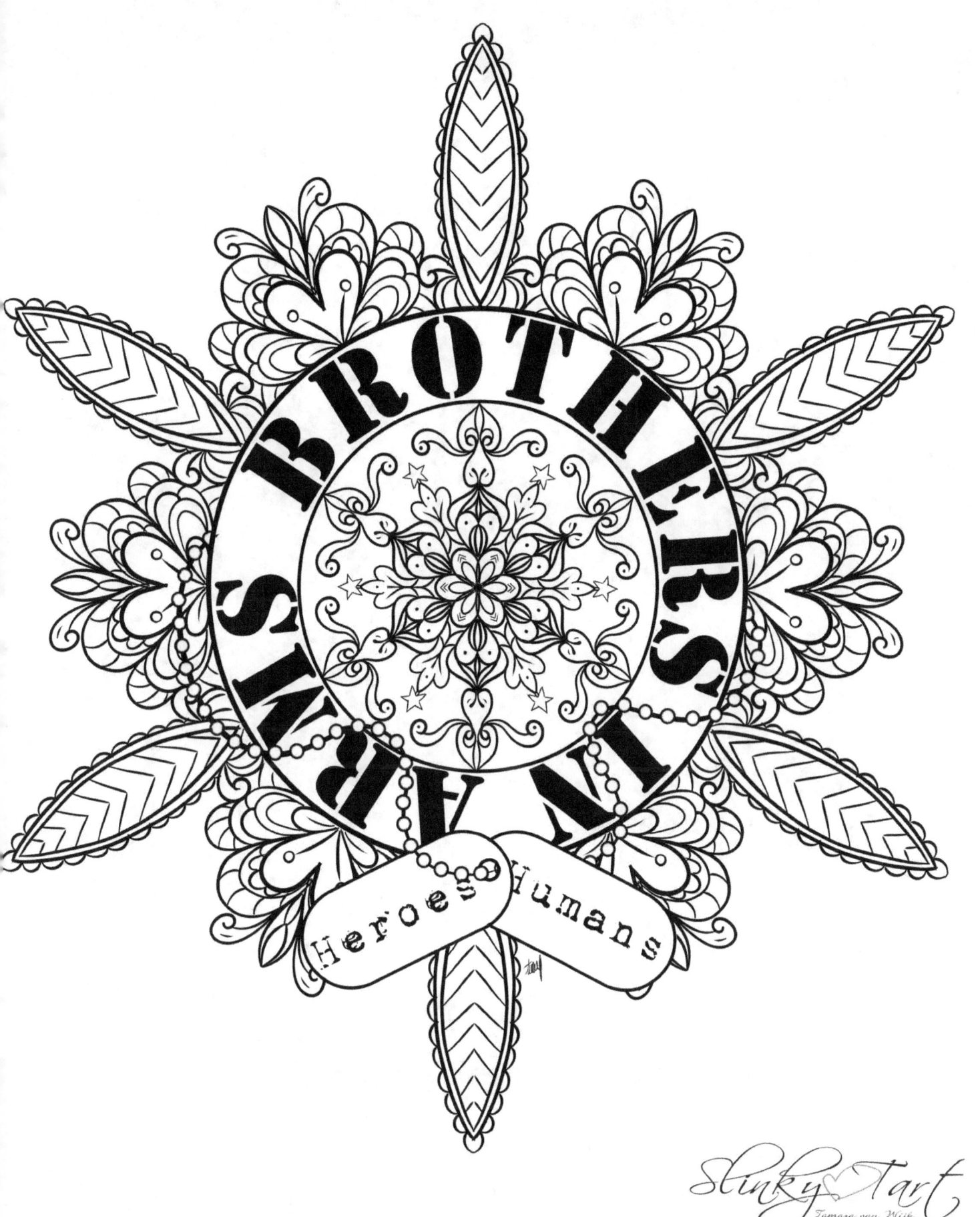

BROTHERS IN ARMS

Heroes Humans

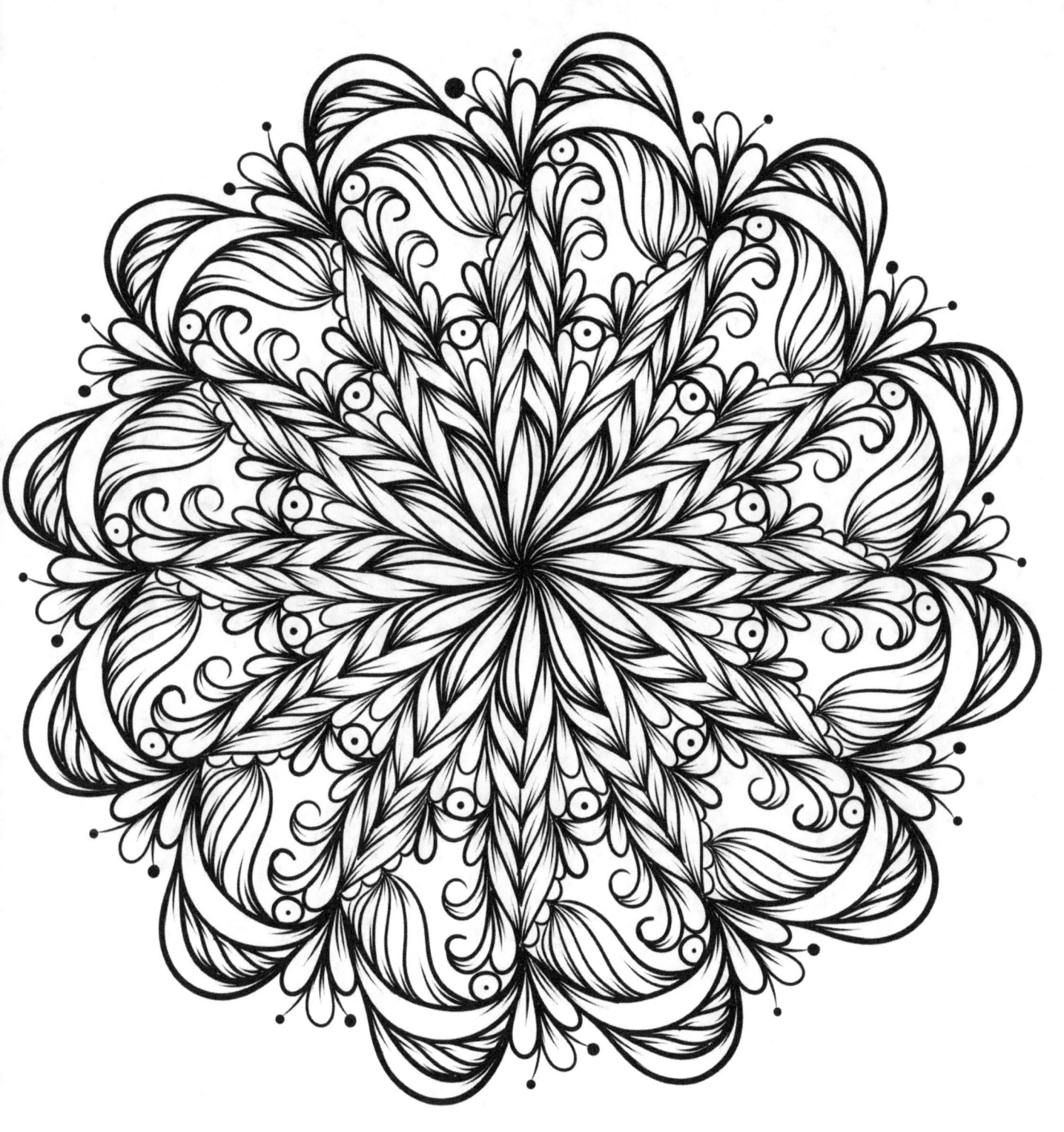

Slinky Tart
Tamara van Wijk

Personal use Only

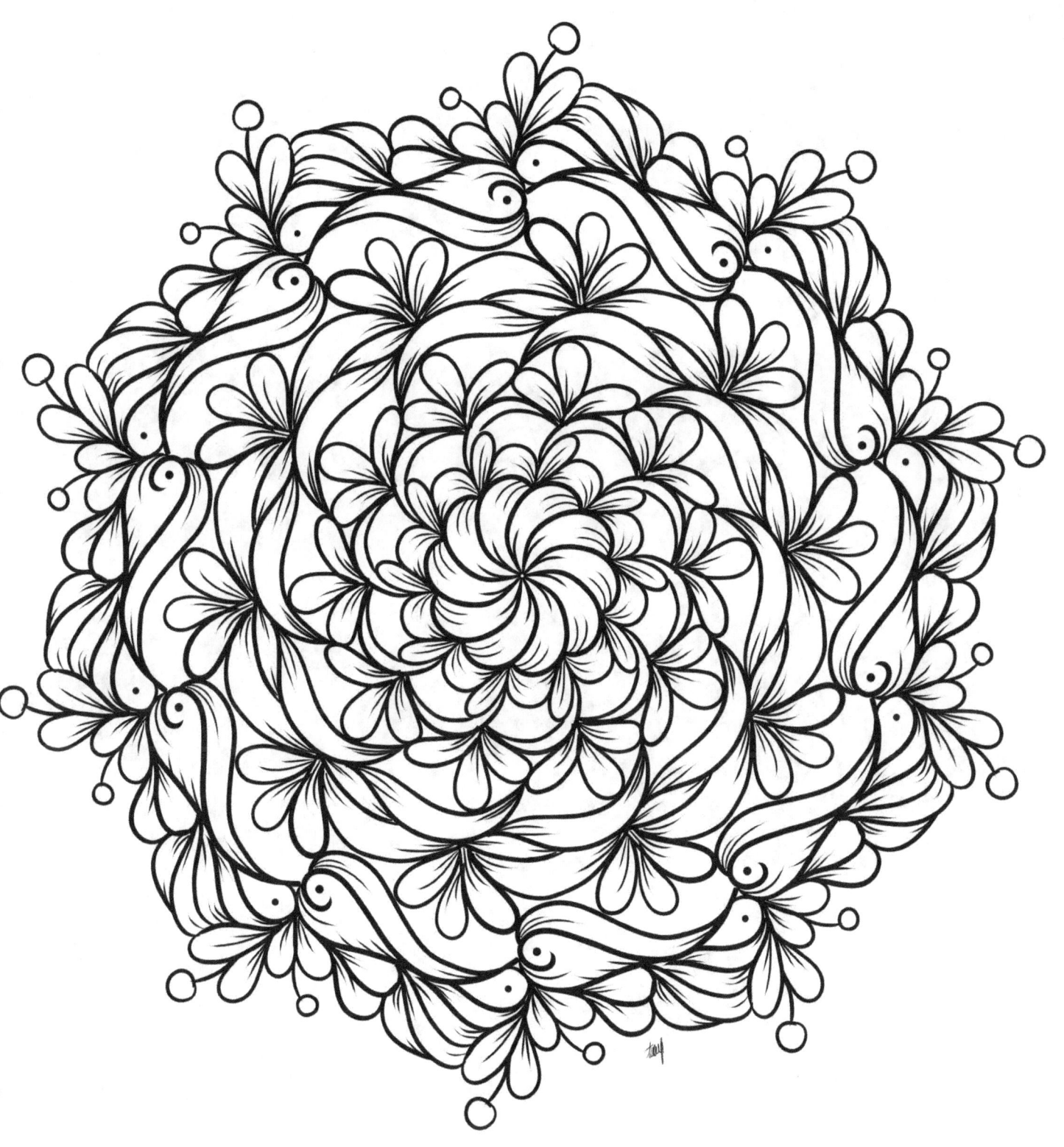

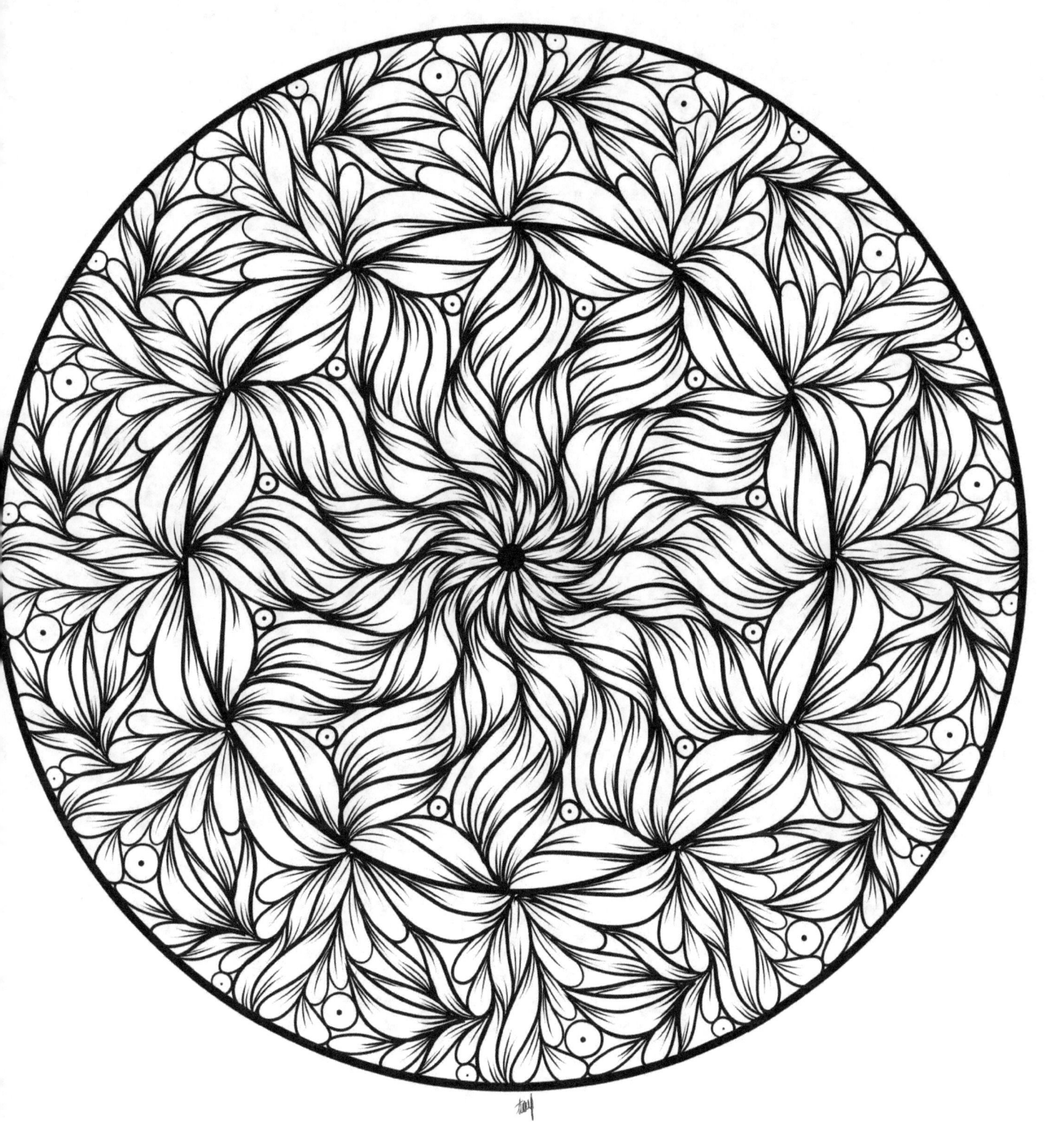

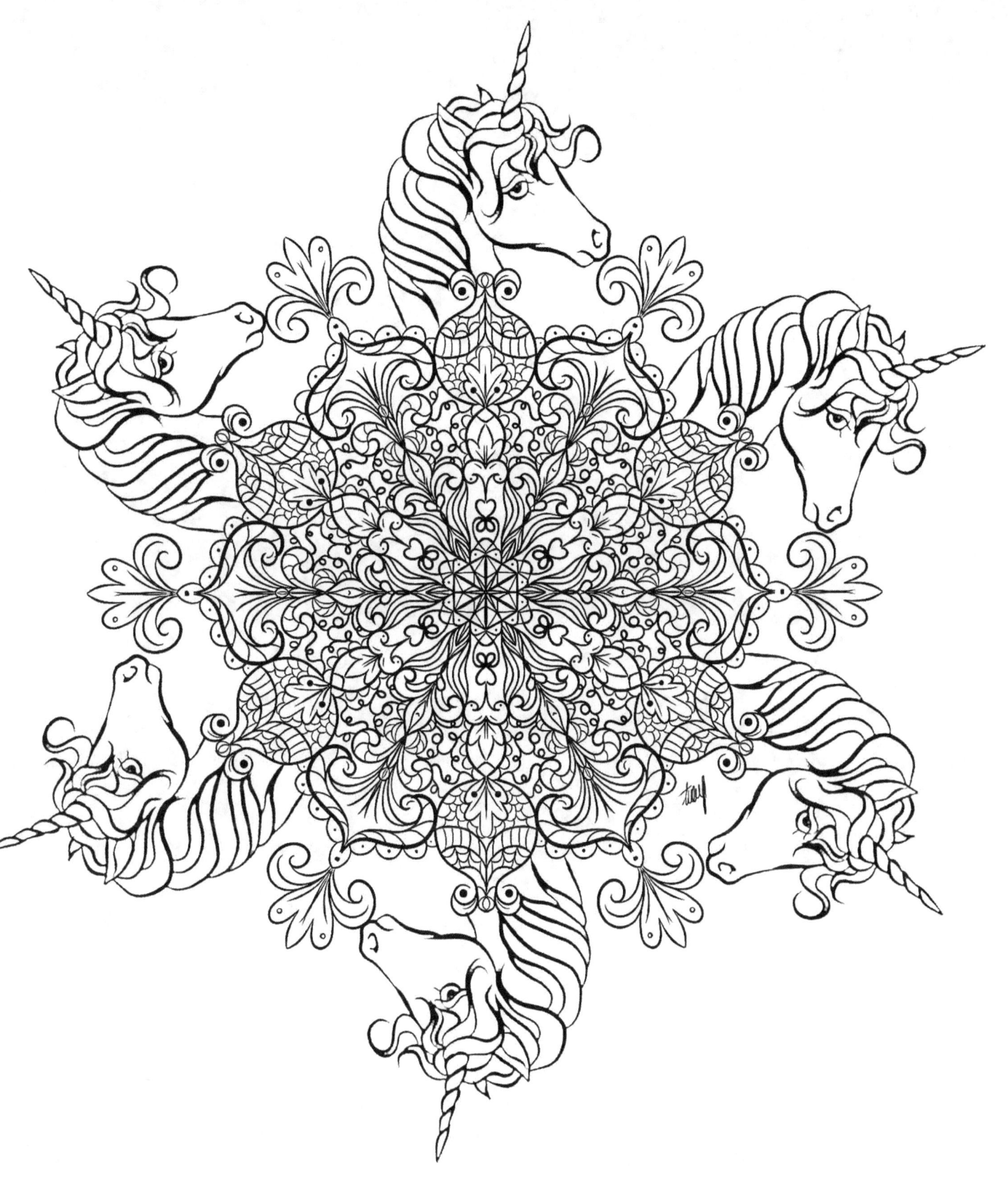

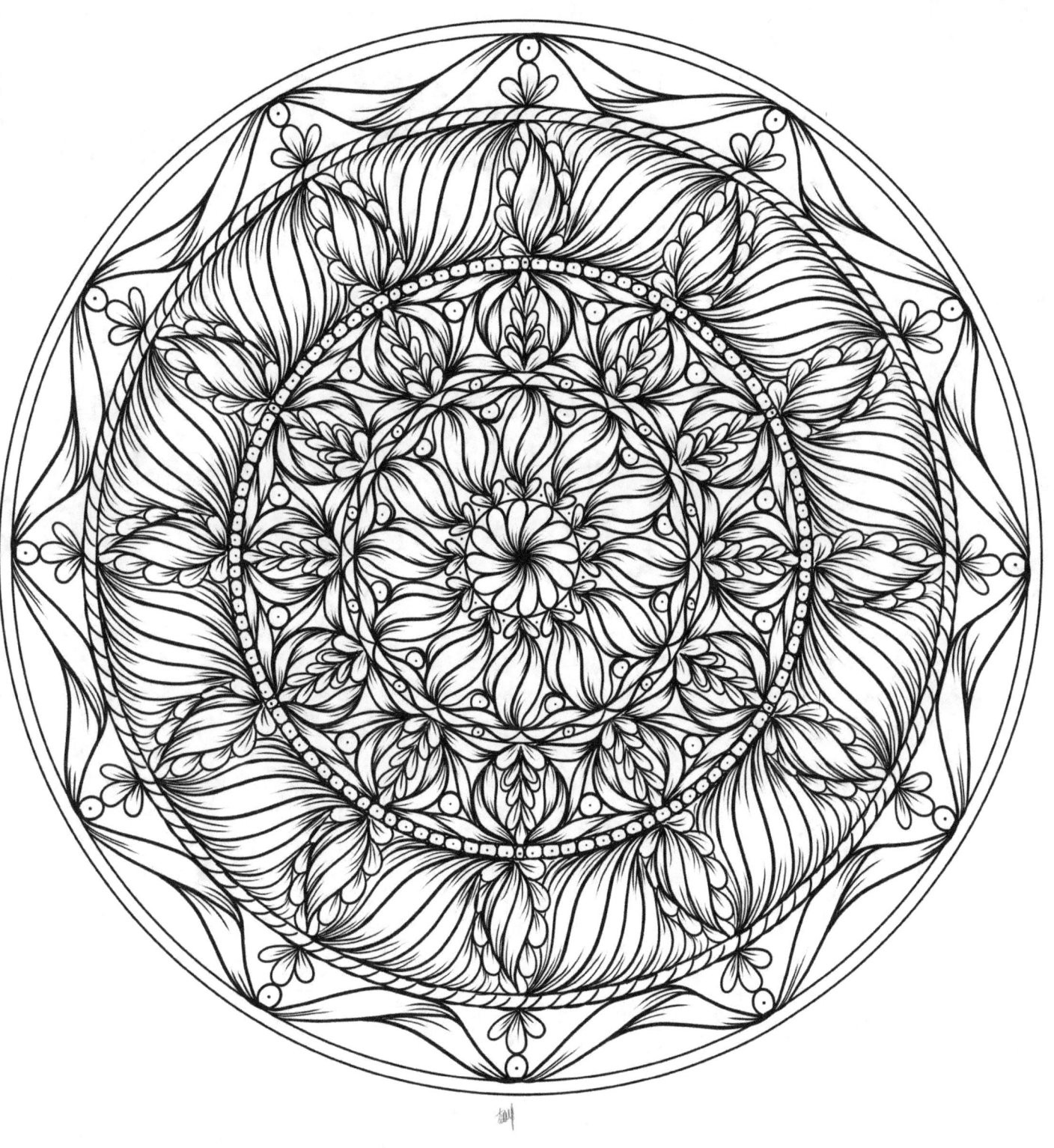

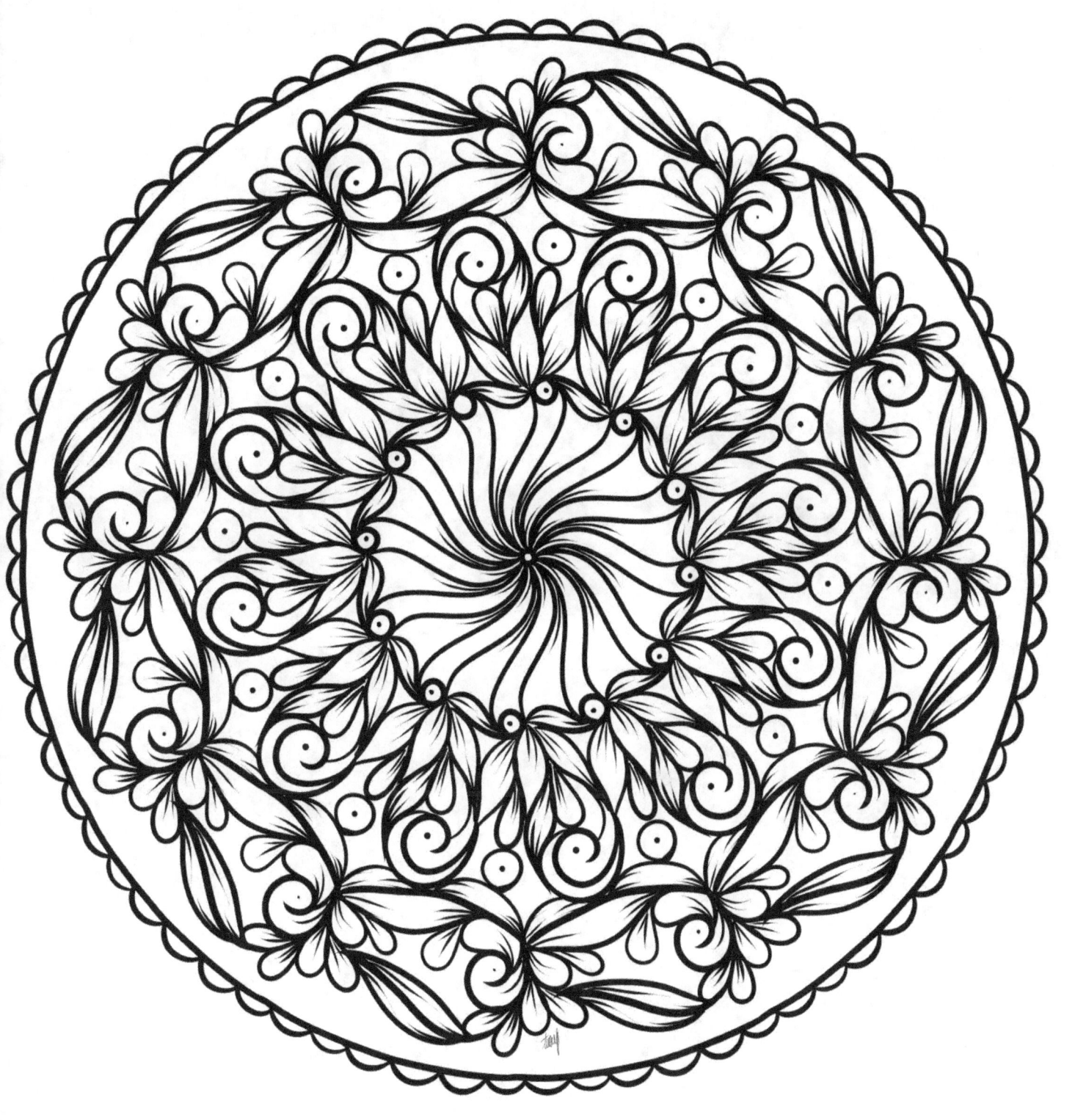

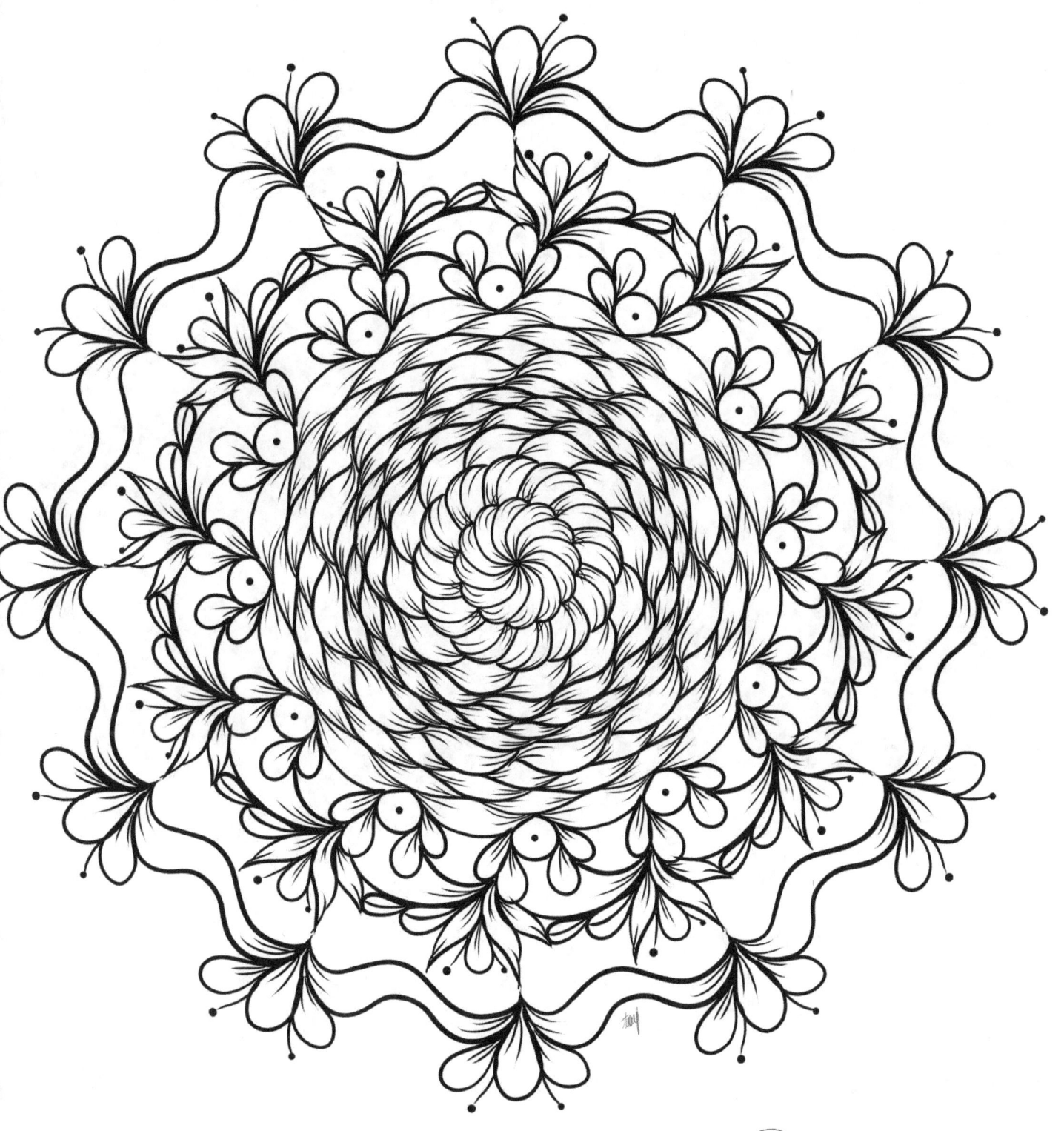

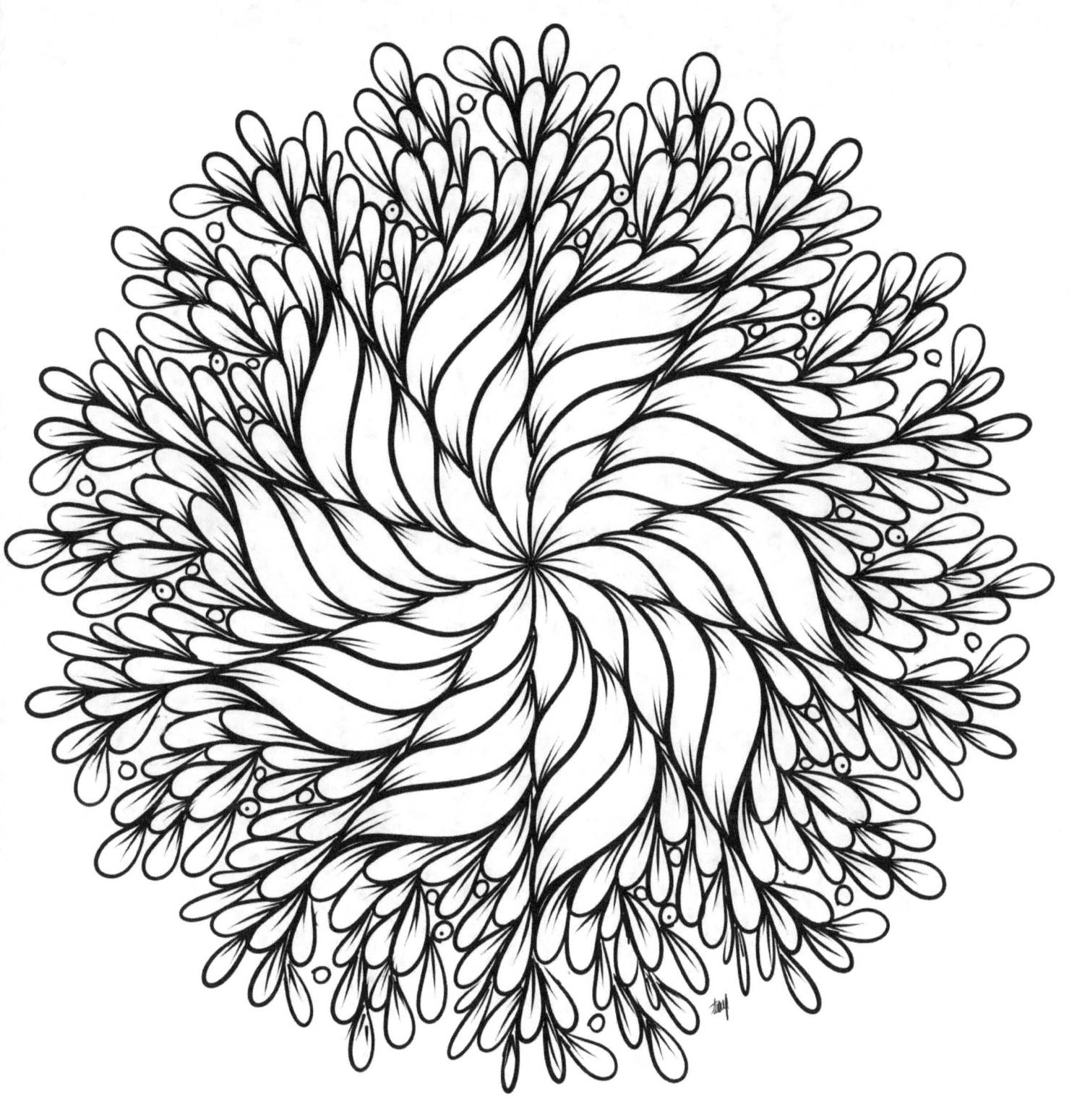

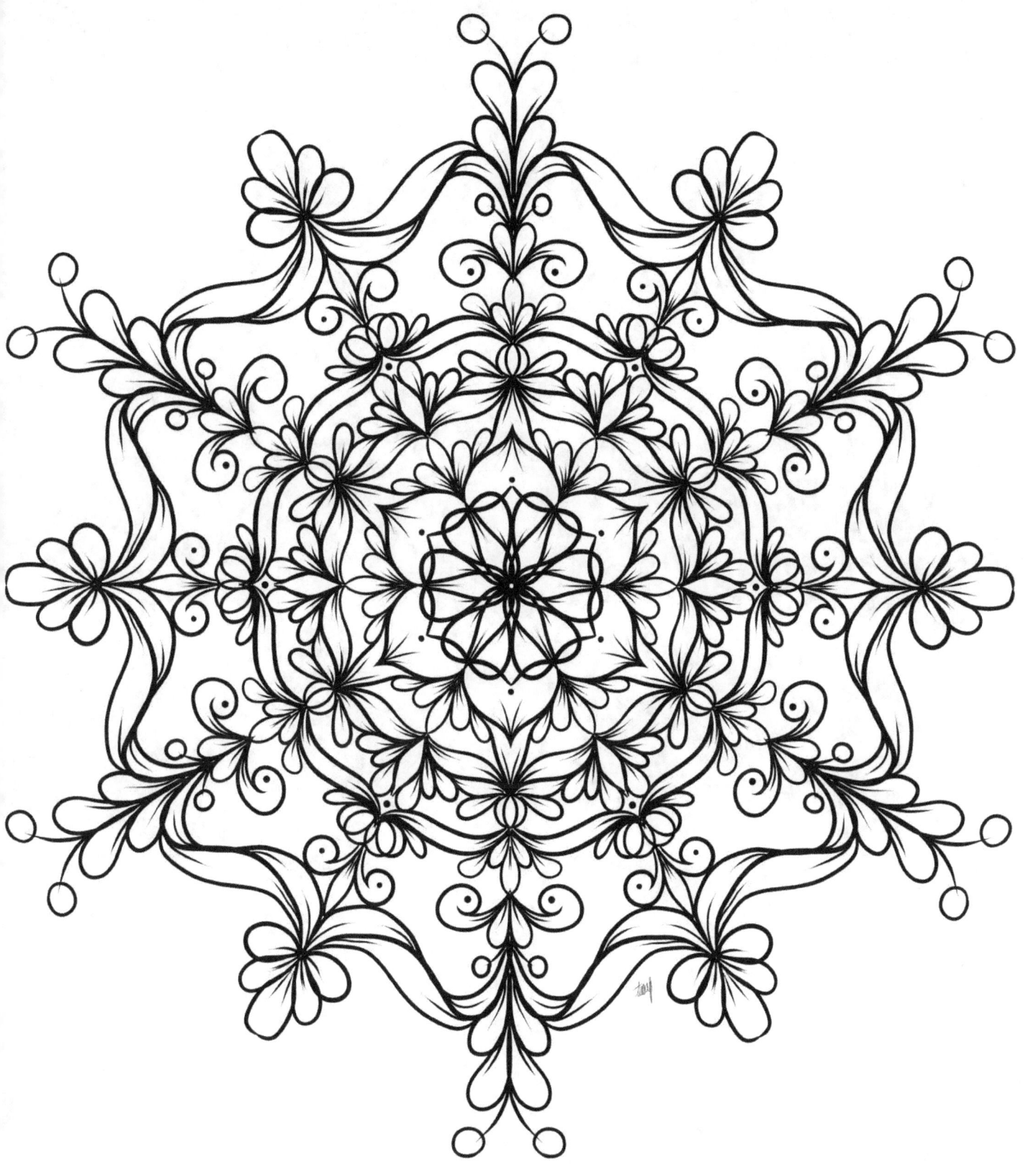

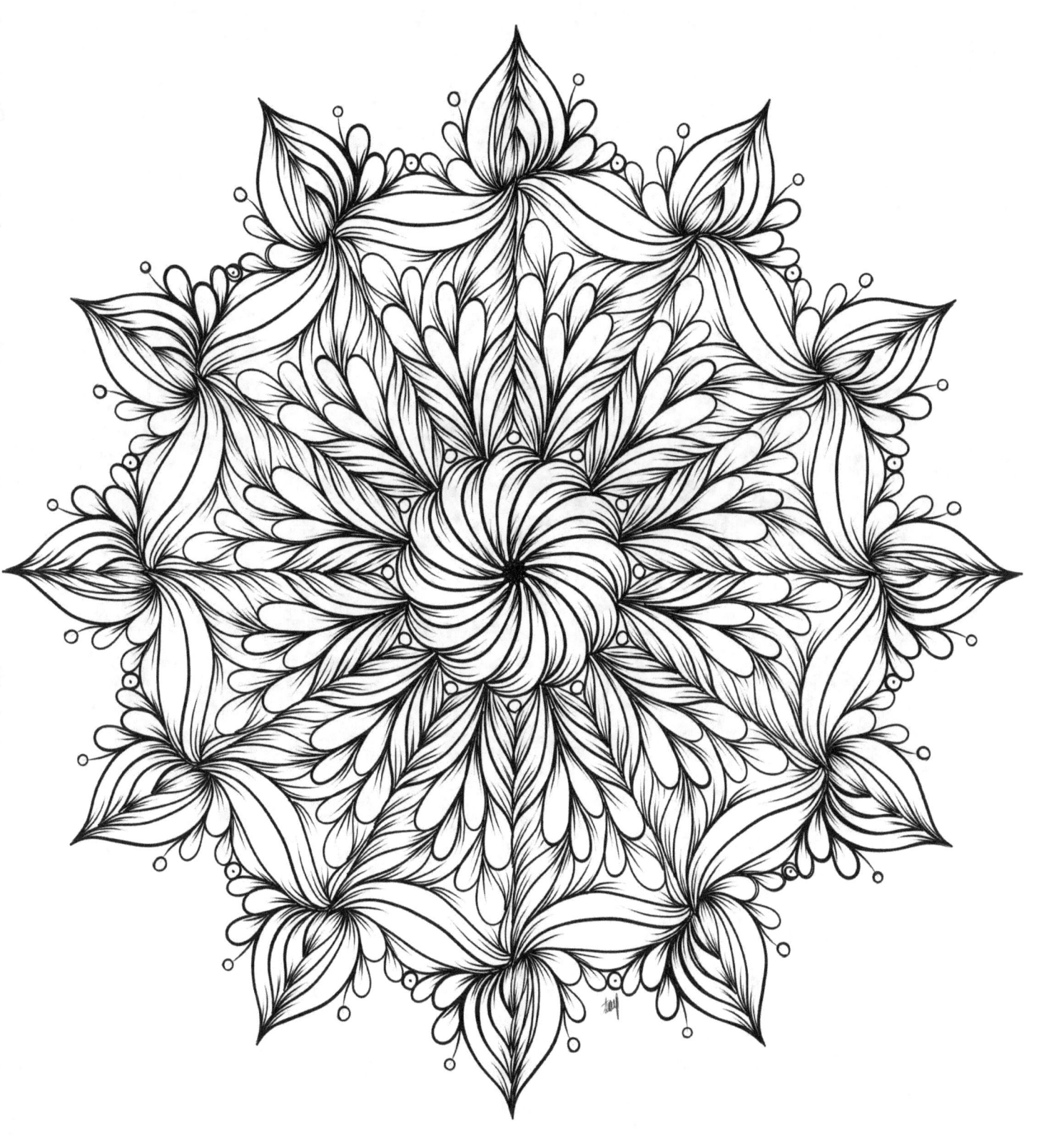

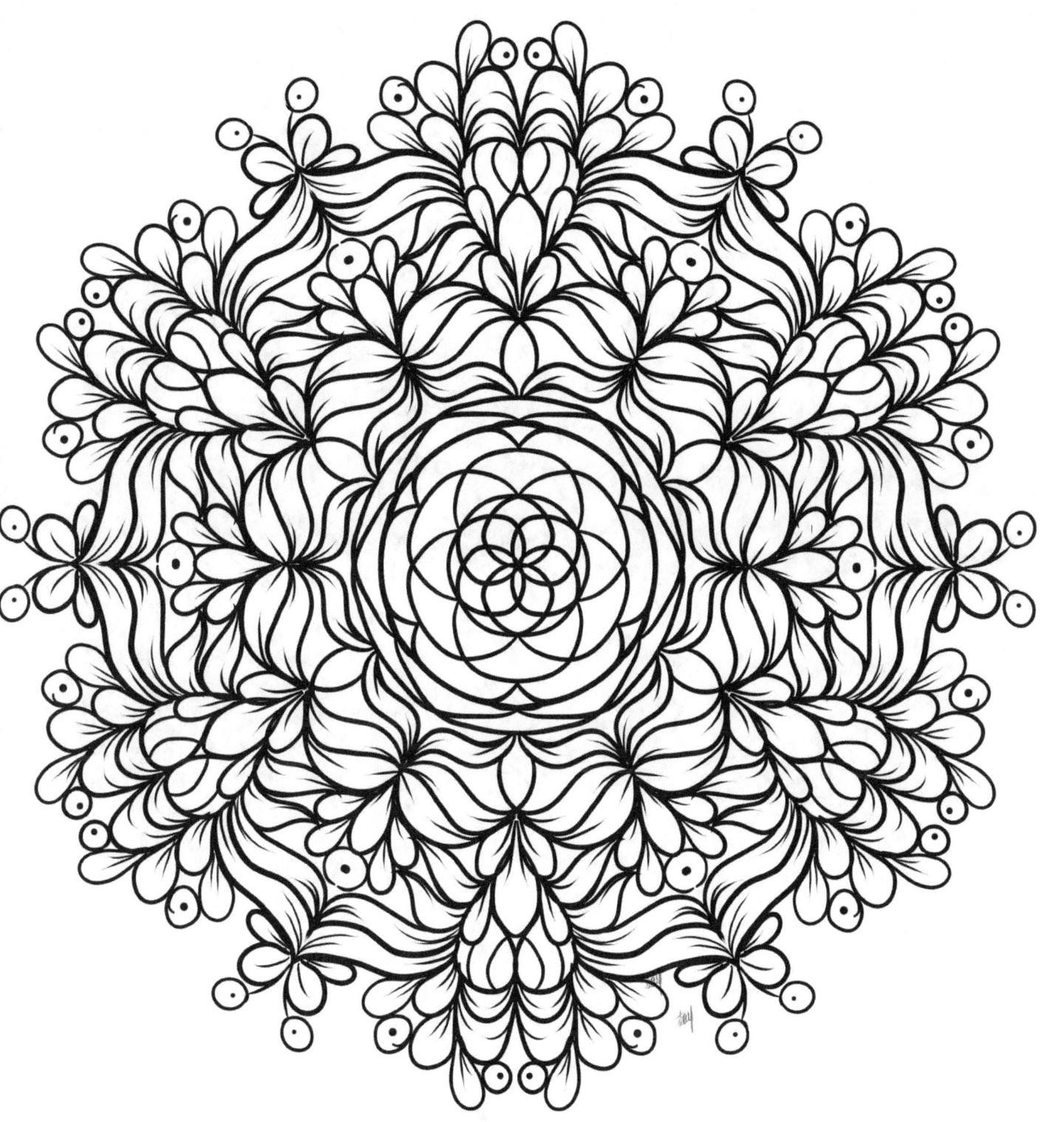

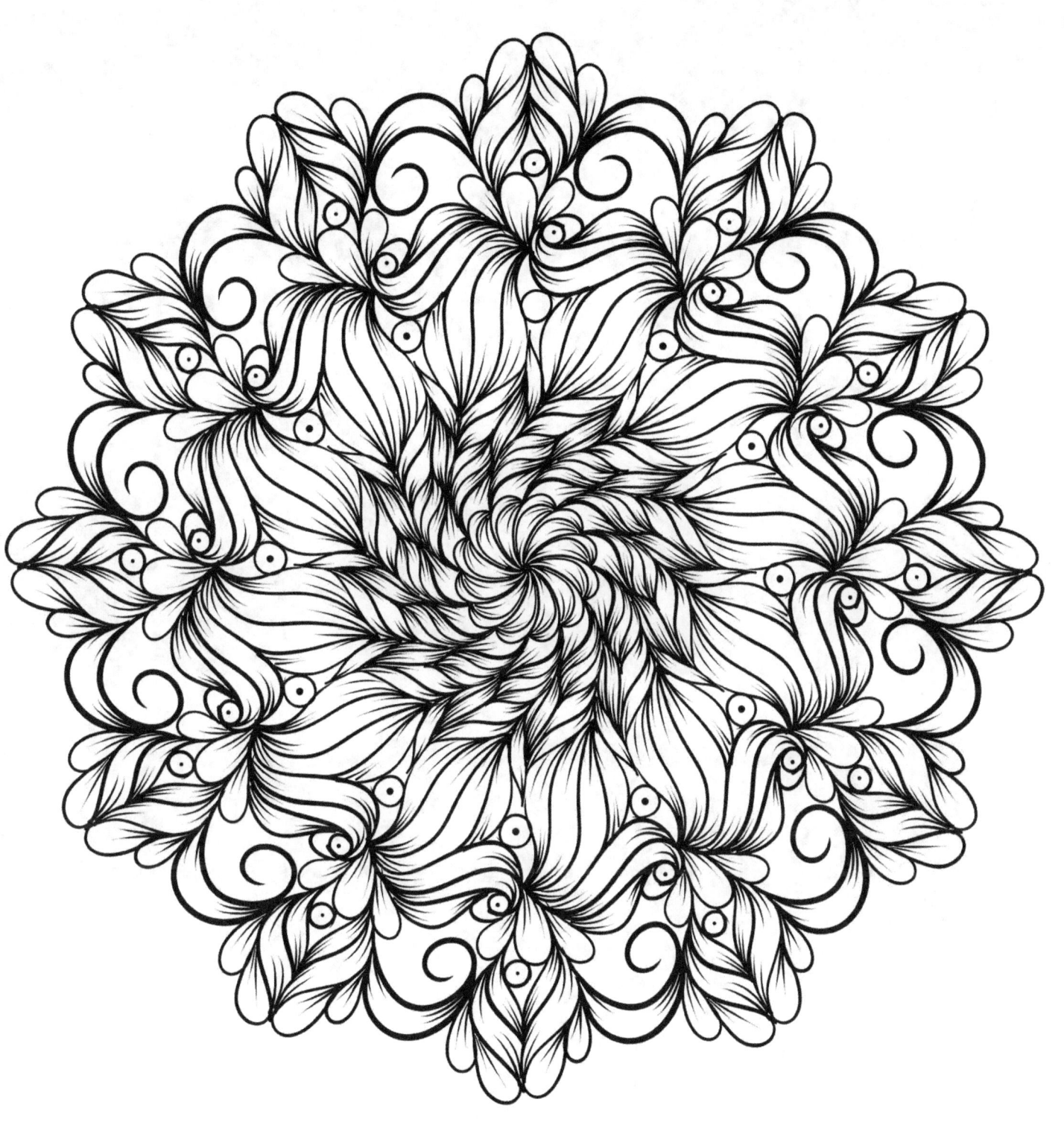

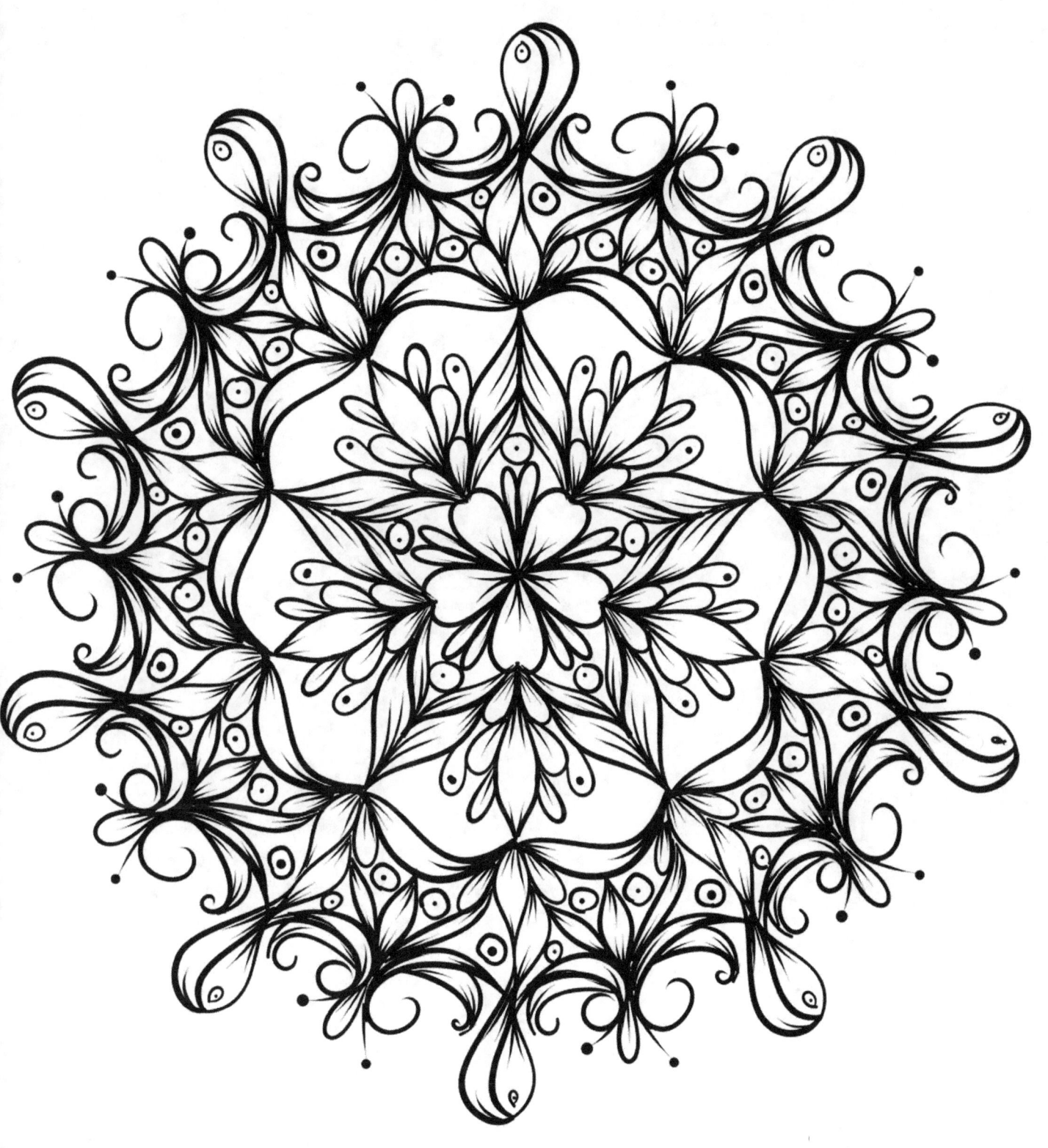

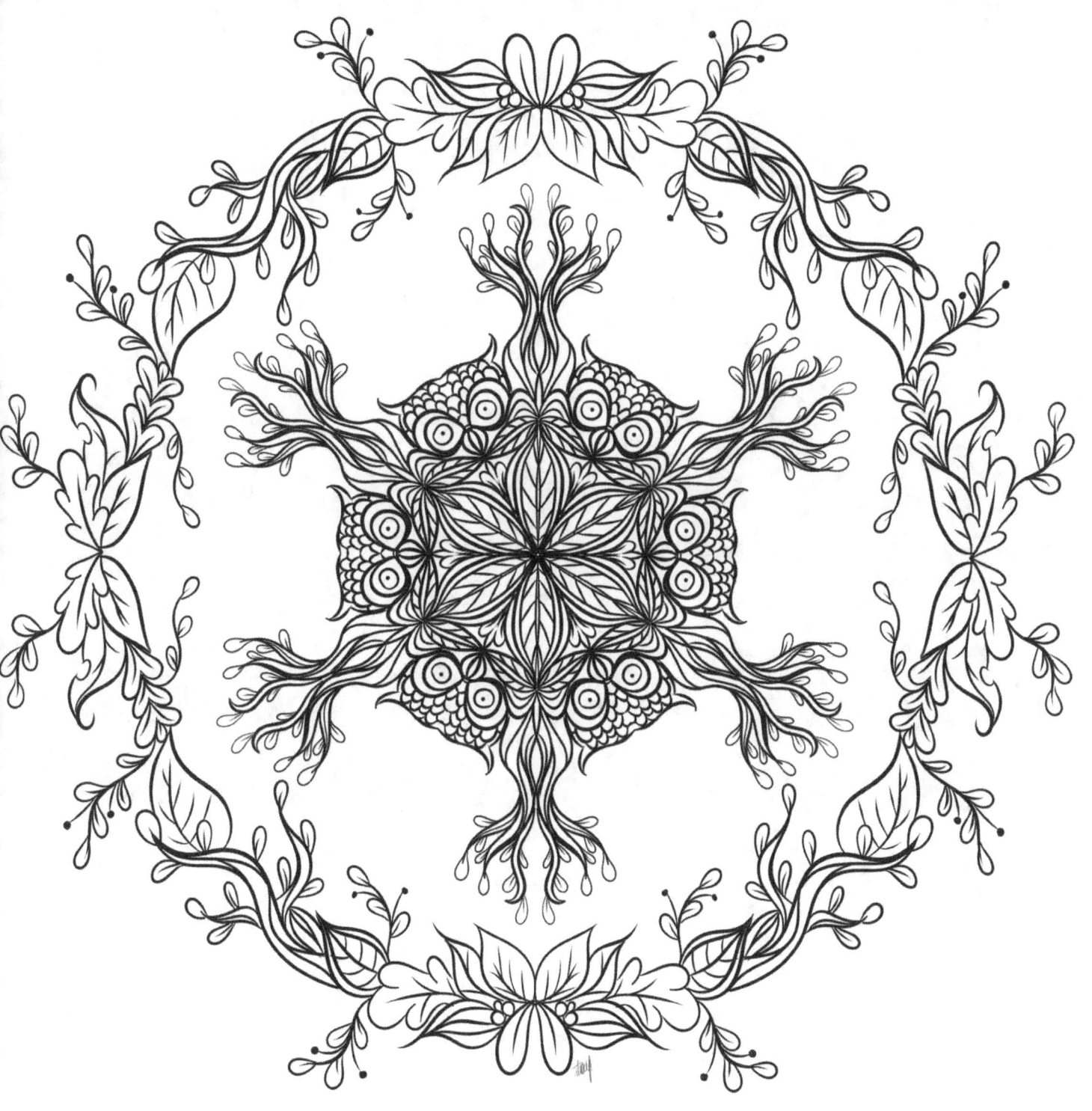

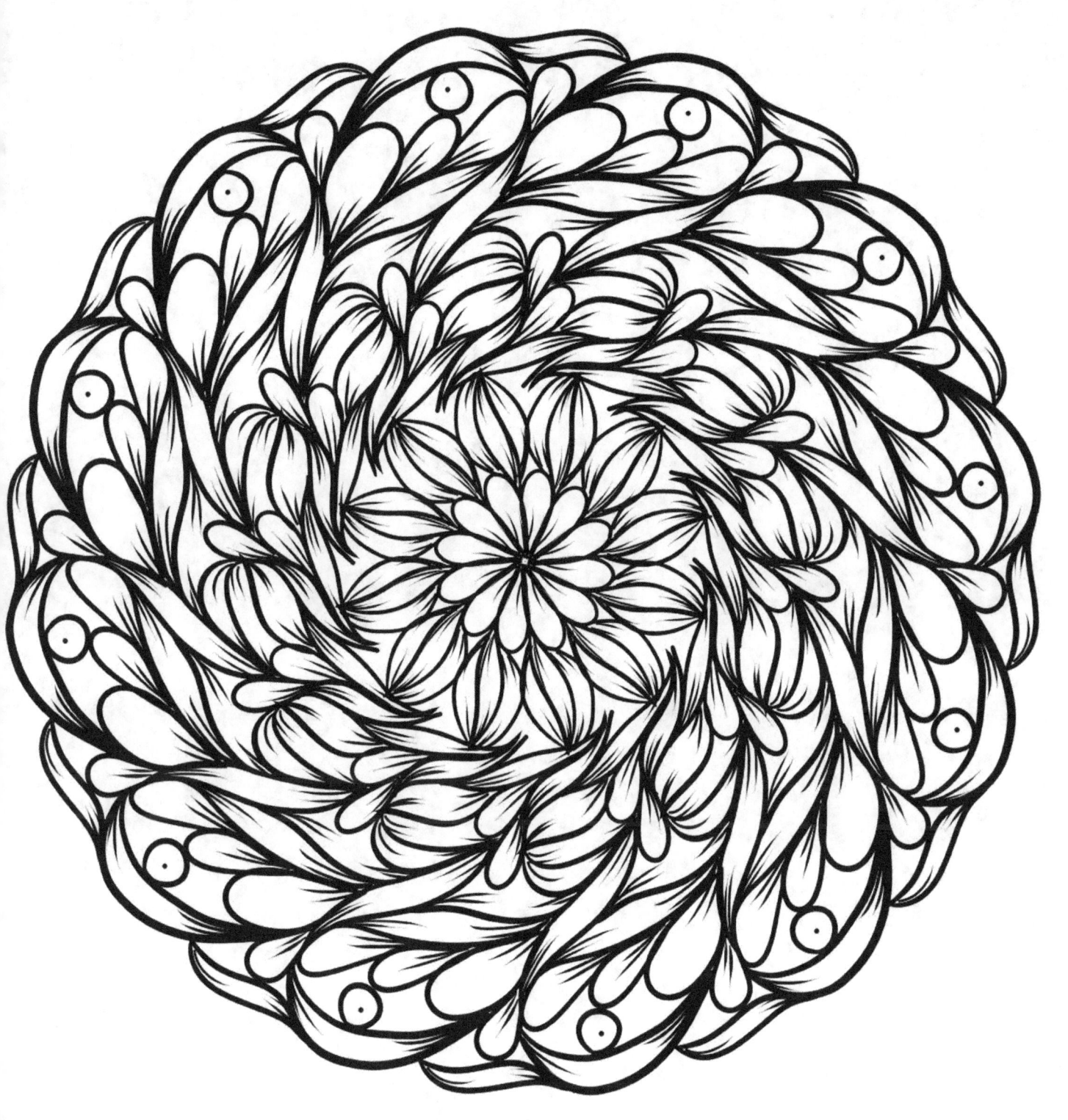

Slinky Tart
Tamara van Wijk

Personal use Only

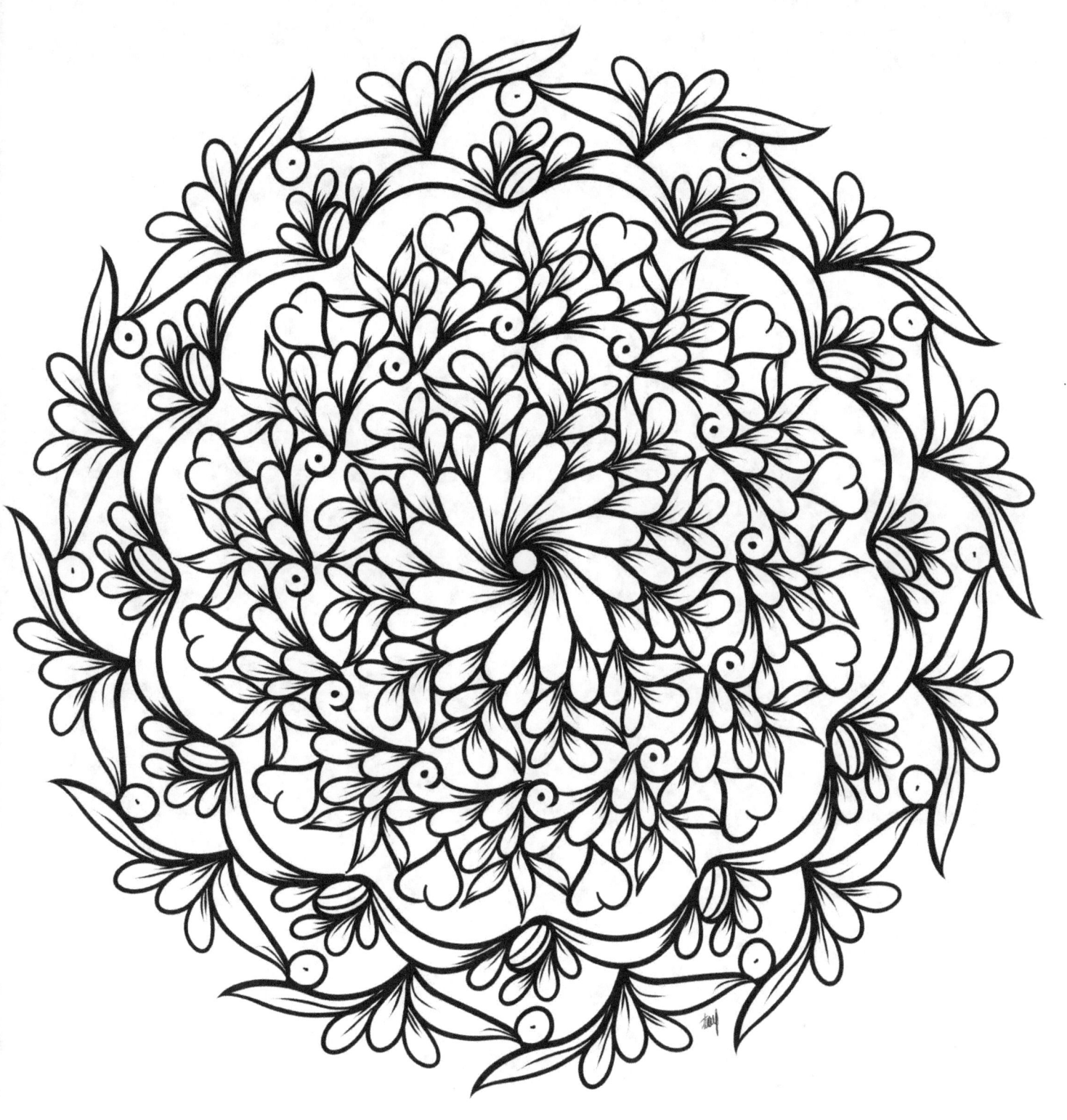

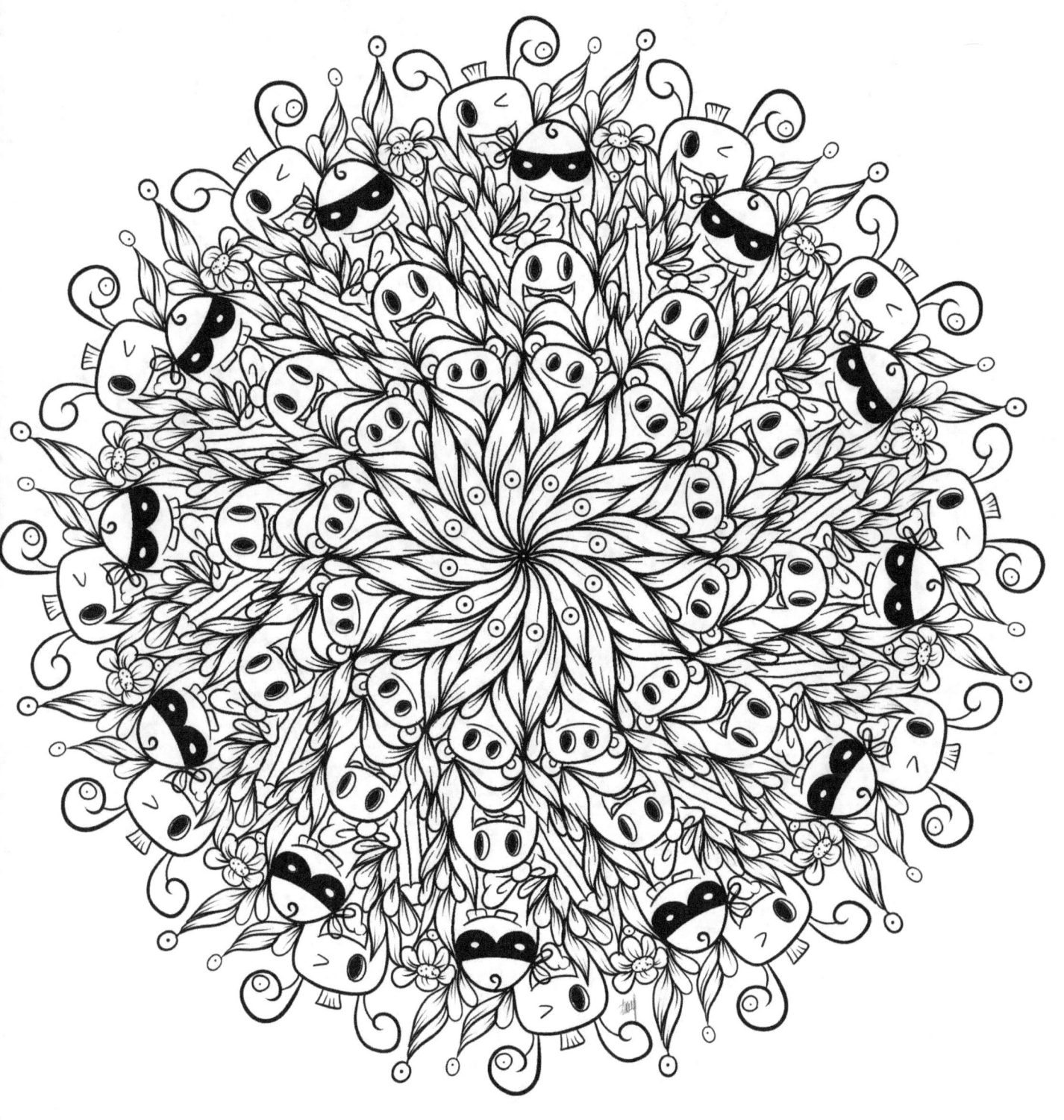

Slinky Tart
Tamara van Wijk

Personal use Only

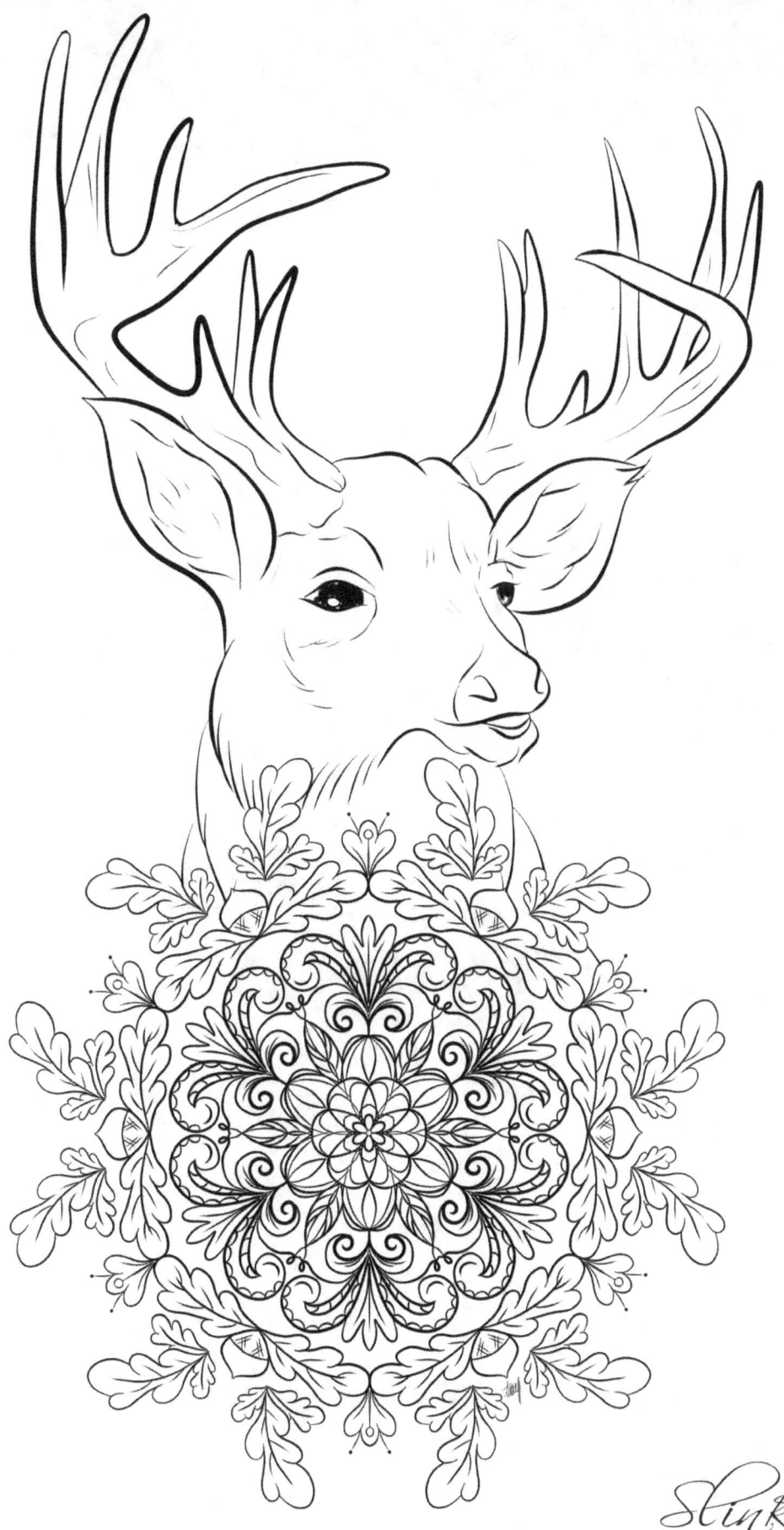

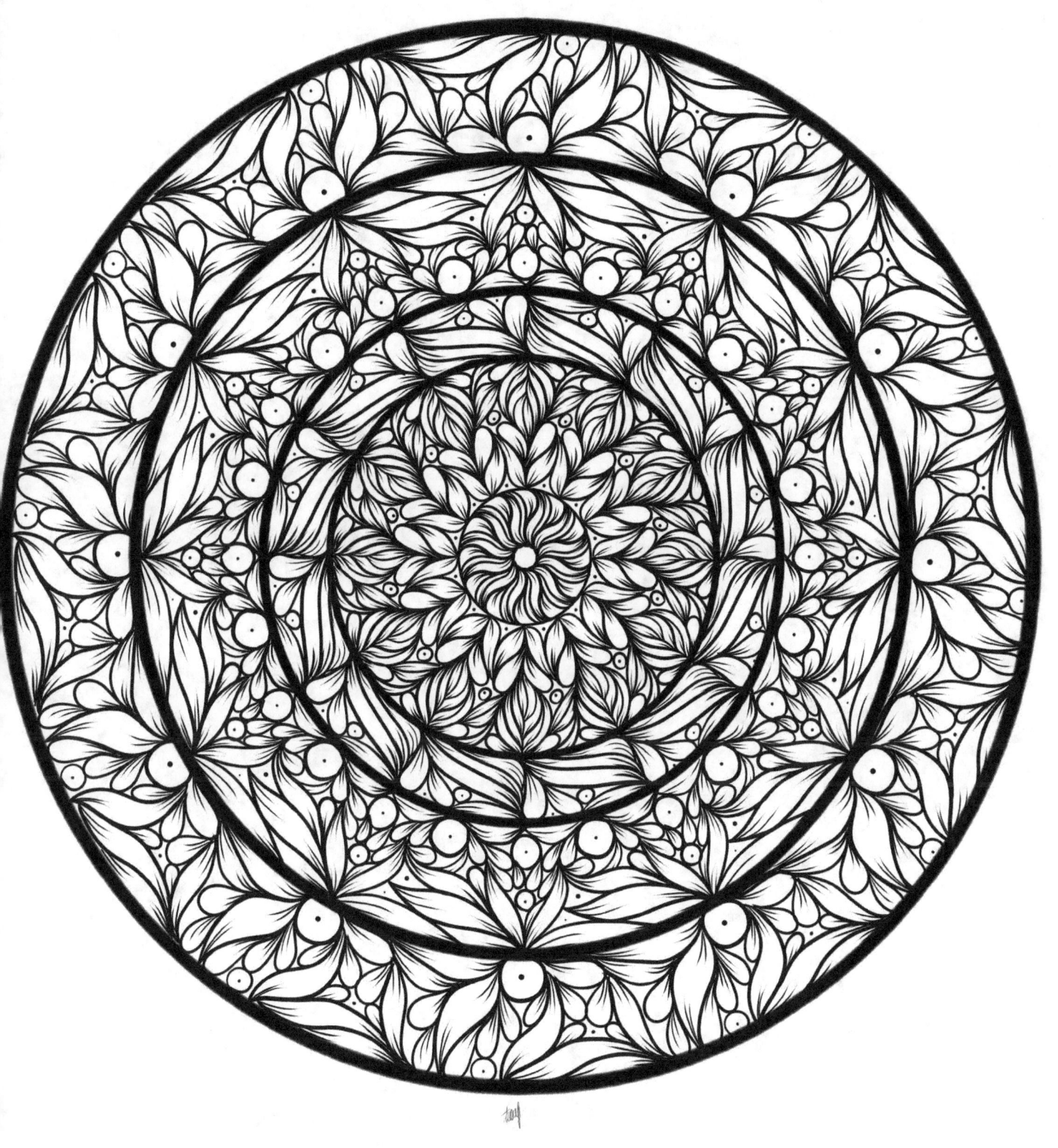

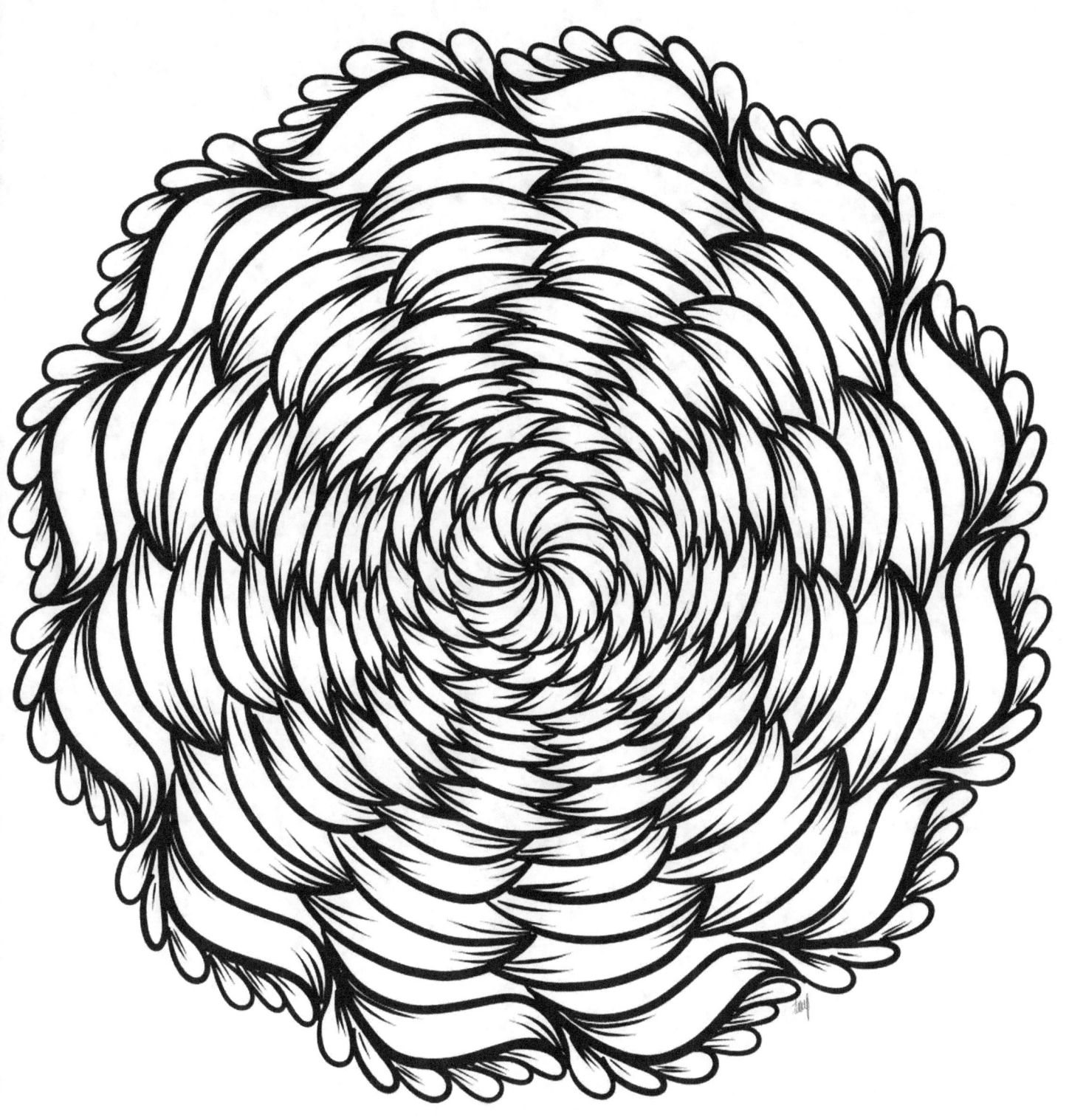

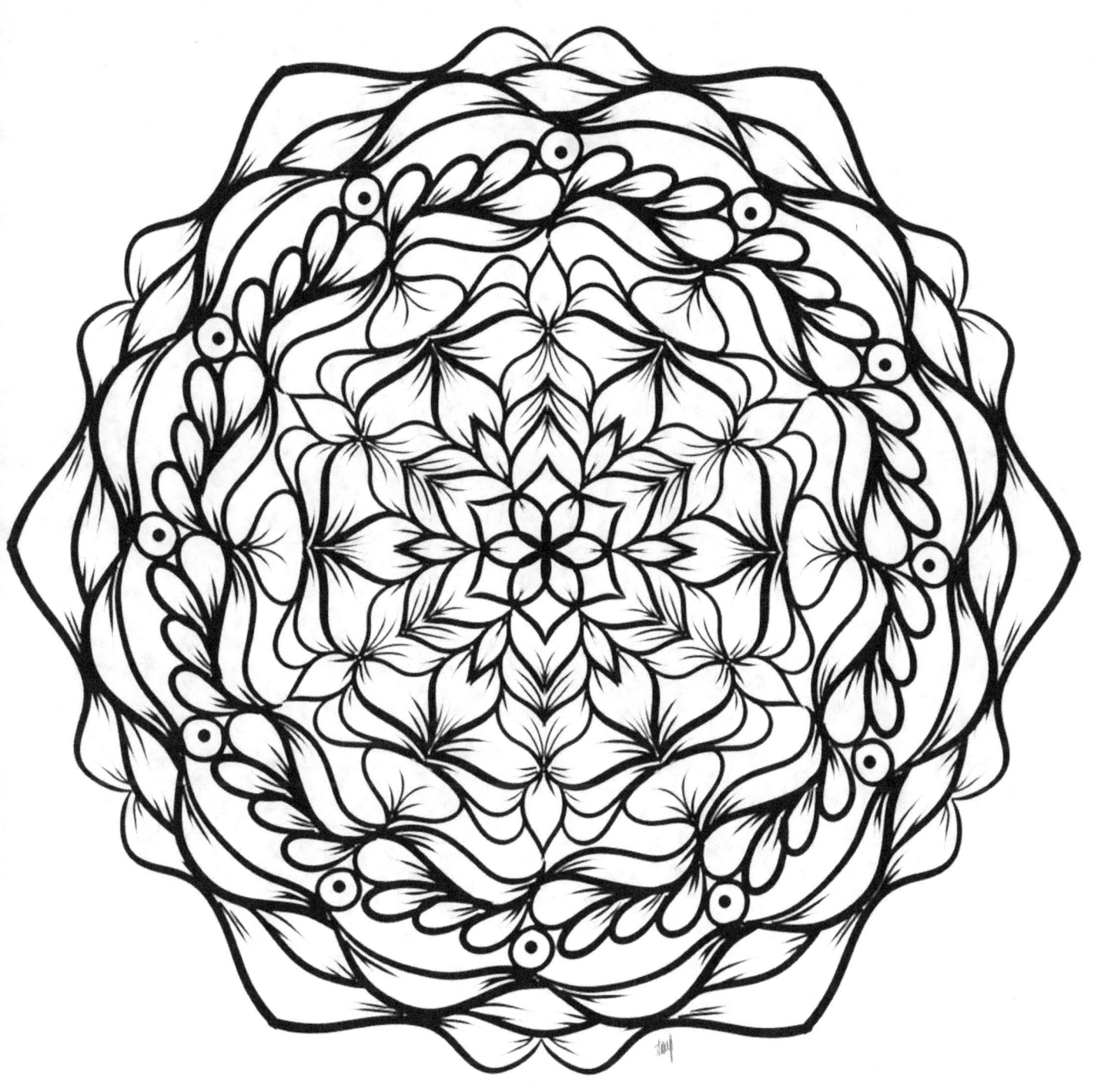

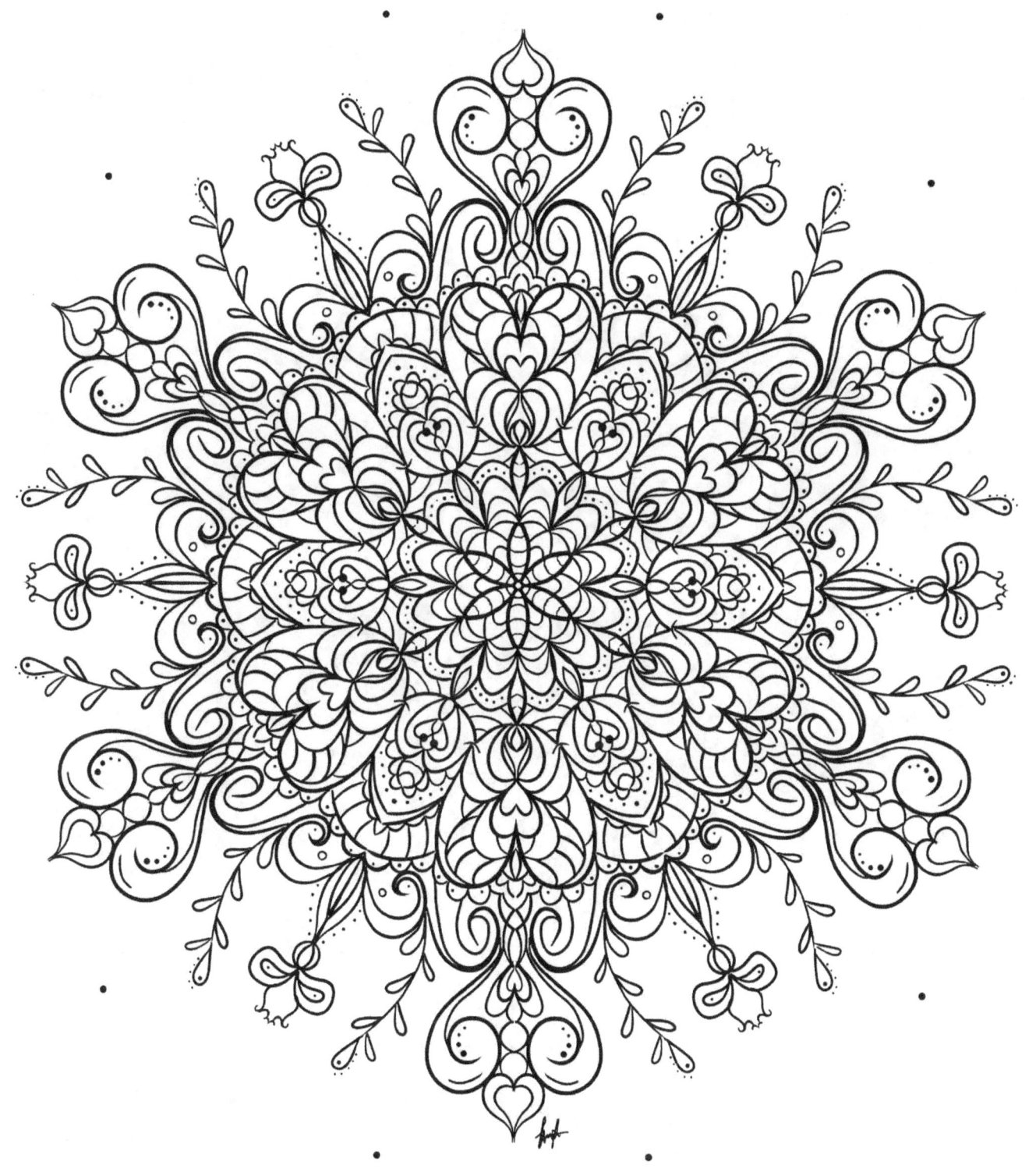

Slinky Tart
Tamara van Wijk

Personal use Only

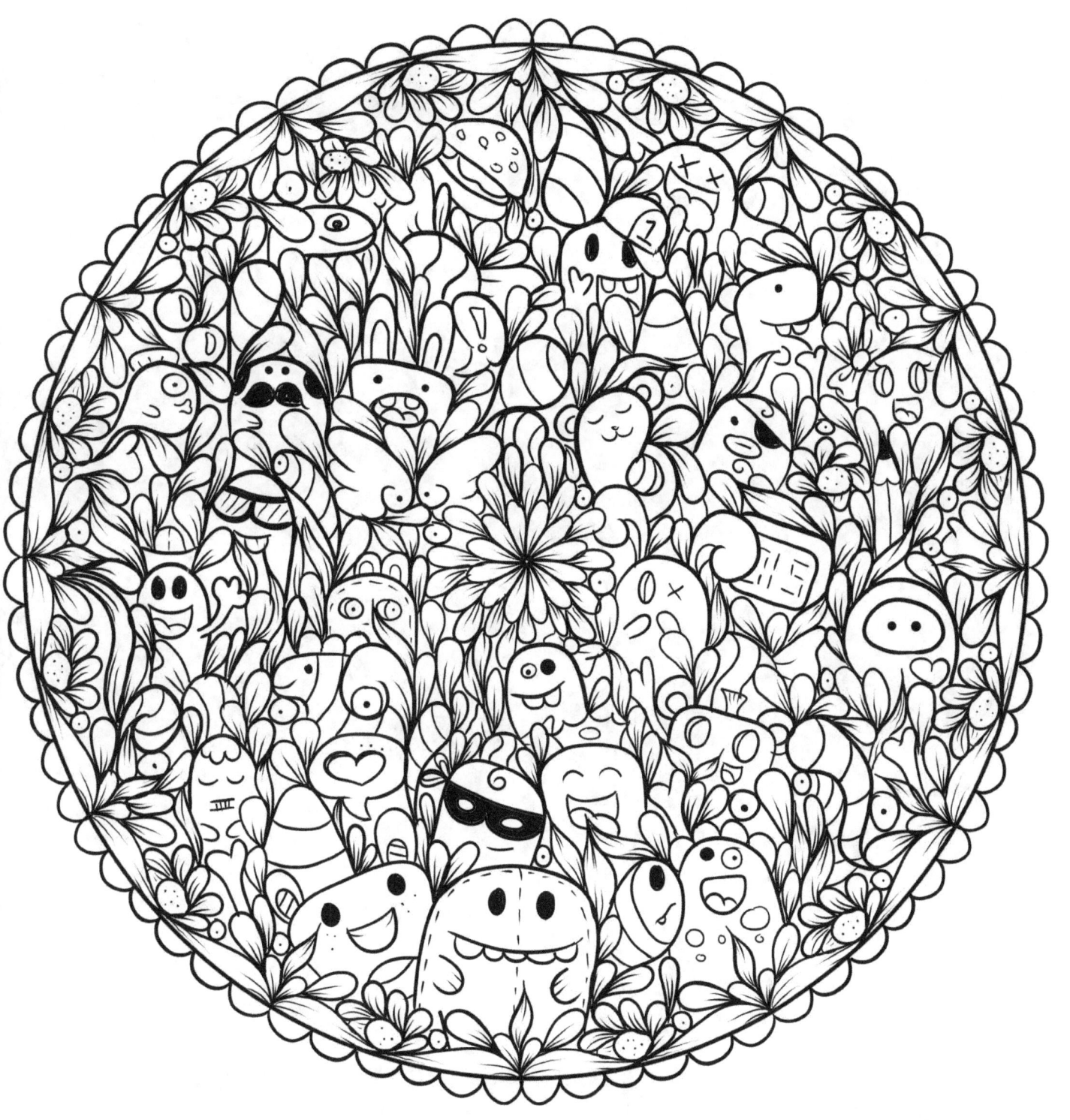

Slinky Tart
Tamara van Wijk

Personal use Only

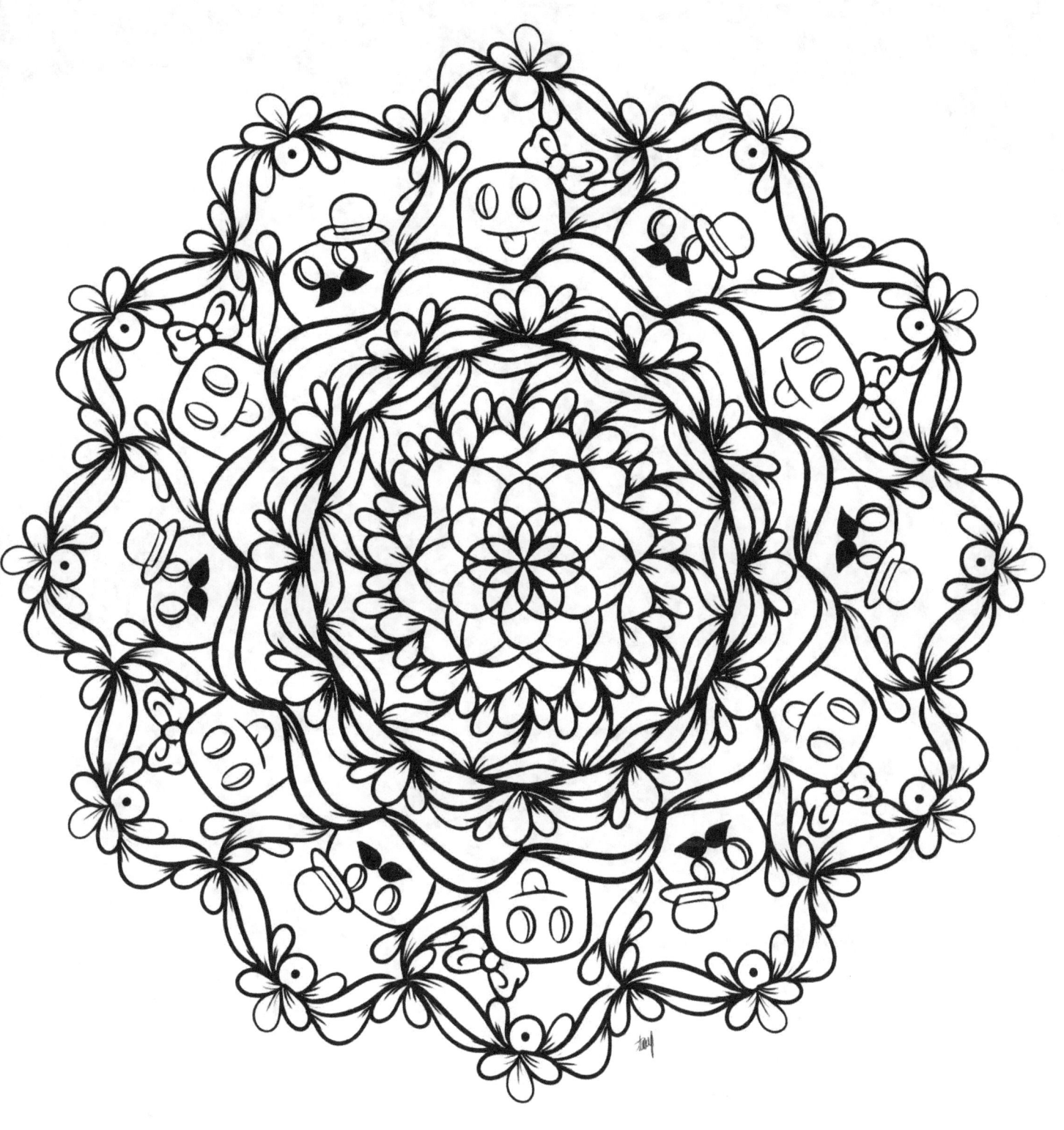

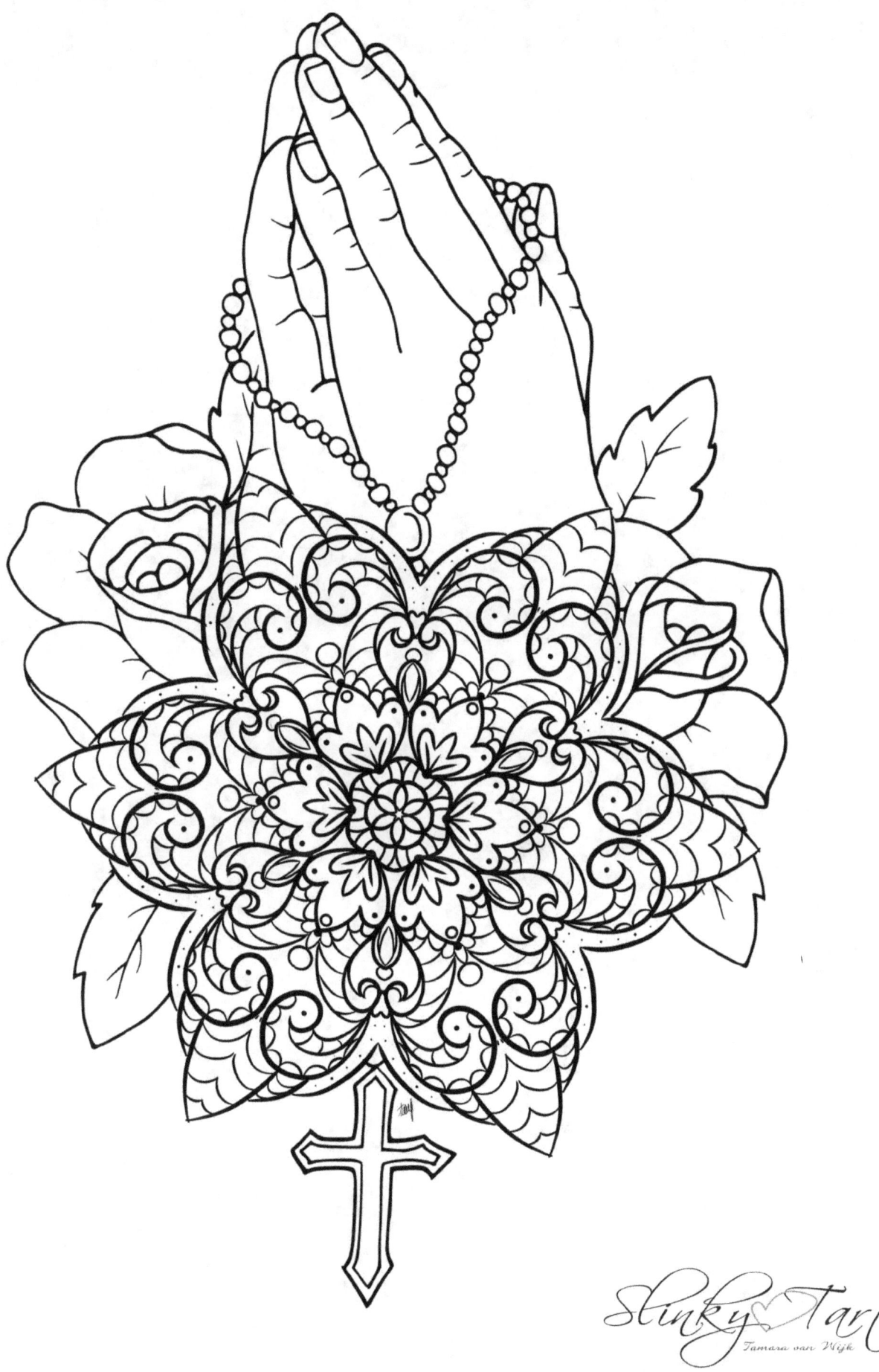

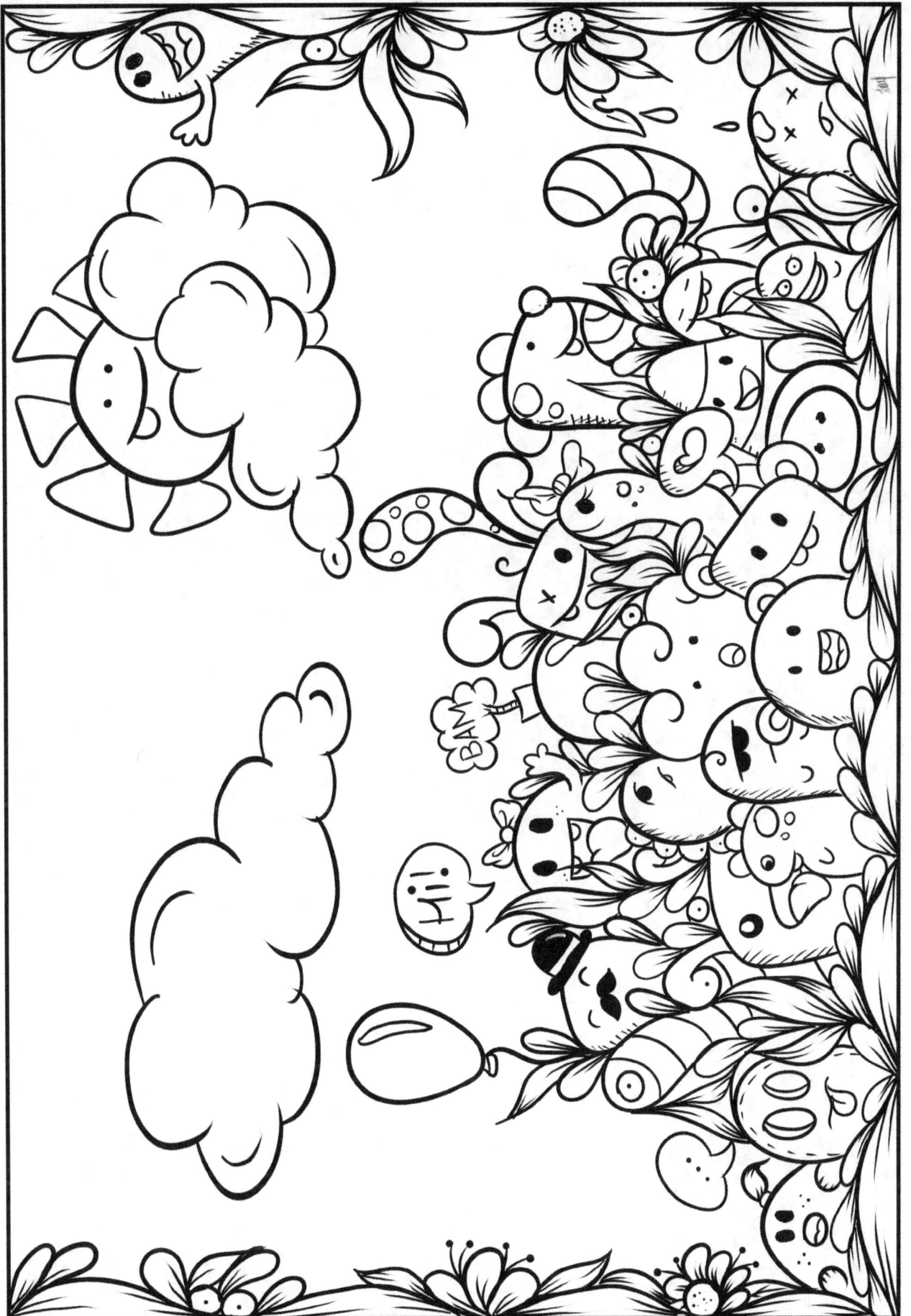